VINÍCIUS ALMEIDA CARNEIRO

$INÔNIMO DE $UCESSO

A INSPIRADORA **HISTÓRIA DA DUPLA** QUE **COM TRÊS MIL REAIS** EMPRESTADOS **CRIOU QUATRO REDES DE FRANQUIAS**

Literare Books
INTERNATIONAL
BRASIL · EUROPA · USA · JAPÃO
www.literarebooks.com.br

Copyright© 2017 by Literare Books International.
Todos os direitos desta edição são reservados à Literare Books International.

Presidente:
Mauricio Sita

Capa e diagramação:
David Guimarães

Revisão:
Débora Tamayose

Gerente de Projetos:
Gleide Santos

Diretora de Operações:
Alessandra Ksenhuck

Diretora Executiva:
Julyana Rosa

Relacionamento com o cliente:
Claudia Pires

Impressão:
Rotermund

```
Dados Internacionais de Catalogação na Publicação (CIP)
           (Câmara Brasileira do Livro, SP, Brasil)

   Carneiro, Vinicius Almeida
      Sinônimo de sucesso / Vinicius Almeida
   Carneiro. -- São Paulo : Literare Books
   International, 2017.
      Bibliografia ISBN 978-85-9455-033-0

      1. Administração de negócios 2. Empreendedores
   3. Empreendedorismo 4. Sucesso em negócios I. Título.

17-04604                              CDD-658.421
```
Índices para catálogo sistemático:

1. Empreendedorismo : Sucesso em negócios :
      Administração de empresas   658.421

Literare Books
Rua Antônio Augusto Covello, 472 – Vila Mariana – São Paulo, SP.
CEP 01550-060
Fone/fax: (0**11) 2659-0968
site: www.literarebooks.com.br
e-mail: contato@literarebooks.com.br

AGRADECIMENTOS

Durante nosso caminho, encontramos milhares de pessoas que direta ou indiretamente contribuíram conosco em nossa jornada empreendedora, por meio de ações ou apenas com uma palavra amiga, e essas pessoas tiveram uma contribuição imensurável em nossa vida. Desse modo, nada mais justo do que se valer desta publicação para expressar nossa gratidão. Em primeiro lugar, agradecemos a Deus, sem Ele nada disso seria possível, acreditamos que por vezes fomos beneficiados por intervenções de forças e energias que fogem a nossa capacidade de compreensão; com certeza, foi auxílio divino.

Jamais seríamos capazes de vencer todos os nossos desafios sem o apoio que recebemos de nossa esposa, que, por vezes, sentiram na pele as abdicações exigidas. Souberam com maestria nos apoiar de todas as formas possíveis, transmitindo-nos segurança e amor. Esse apoio nos fortaleceu muito!

E como não agradecer a todos os nossos colaboradores e ex-colaboradores? Uma empresa é feita de pessoas, e sempre fomos cercados de pessoas especiais. Poderíamos citar todos aqui e não nos faltaria assunto, mas para evitar injustiças escolhi algumas histórias que os representam. Pela intensa parceria que vivemos com cada um deles, nosso muito obrigado!

Nossos agradecimentos a nossos sócios, ex-sócios e fornecedores. Com cada um de vocês, aprendemos muito, nos momentos bons e nas dificuldades, e por vezes as relações comerciais se transformaram em amizade. E carregaremos esse carinho e essa amizade para o resto da vida.

Um sonho se torna possível quando pessoas decidem colocá-los em prática, e todos esses sonhos só foram possíveis graças à participação efetiva de cada um de nossos franqueados; esta história é nossa. Construímos juntos essa empresa e continuaremos buscando evolução contando com a participação de cada um de vocês. Muito obrigado!

Um agradecimento especial a nossa família e nossos amigos. Vocês são a base que nos dão força e motivação para buscar nossos objetivos.

E, por fim, agradecemos a nossos clientes, a razão dessa empresa. Independentemente de por qual das nossas marcas tenham se tornado nossos clientes, o que realmente importa é que vocês são e sempre serão nossa razão de existir. Não se constrói uma empresa se seu principal objetivo não for proporcionar a melhor experiência possível aos clientes. Vocês são muito importantes para nós!

Talvez esta seja a parte mais interessante do ser humano e um de seus maiores desafios: a gratidão, um exercício que procuro aprimorar todos os dias.

INTRODUÇÃO

Tudo começou em meados de março de 2008. Houve muitos capítulos que não conseguirei contar, mas tentarei descrever os principais momentos desta história de superação neste livro. Nosso único objetivo é catalogar uma rota que conhecemos durante esses anos, para contribuir com empreendedores que estejam buscando inspirações e insights.

Empreendedores são pessoas comuns que possuem um diferencial: a capacidade de transformar sonhos em realidade. Os empreendedores são pessoas capazes de, além de transformar a própria vida, contribuir significativamente na construção de um país forte e desenvolvido. A partir de agora, conheça um pouco mais sobre Vinicius Almeida Carneiro e Alexandre Loudrade. Após muitos desafios individuais, formarmos uma dupla que se completa no empreendedorismo. Essa união de talentos nos fez ofuscar nossas limitações individuais e valorizar nossos pontos fortes. Com o passar do tempo, acrescentamos novos talentos à organização, e o que antes era uma dupla passou a ser um time. Isso fez com que fôssemos capazes de começar uma empresa com R$ 3 000,00 emprestados de um banco em nome da mãe do Alexandre em 2008 e atingir mais de 350 unidades espalhadas por todo o Brasil. Esperamos poder ajudá-los a ajustar seu GPS para o sucesso, tornando sua trajetória mais eficiente.

SUMÁRIO

Cap. 1 Escrevendo o caminho	Pág. 9
Cap. 2 O autor antes do grupo	Pág. 15
Cap. 3 Alçando novos voos	Pág. 25
Cap. 4 Dispensados pelo êxito!	Pág. 29
Cap. 5 O início do empreendedorismo	Pág. 33
Cap. 6 O fundo do poço	Pág. 39
Cap. 7 O recomeço	Pág. 45
Cap. 8 As ações do destino	Pág. 51
Cap. 9 Enfim, sócios!	Pág. 55
Cap. 10 O início de um sonho	Pág. 61
Cap. 11 Os desafios iniciais	Pág. 67
Cap. 12 Milagres acontecem	Pág. 73
Cap. 13 Medo, insegurança e amor	Pág. 79
Cap. 14 A primeira tentativa de pertencer a uma rede	Pág. 85
Cap. 15 A primeira equipe de vendas	Pág. 89
Cap. 16 A expansão das unidades próprias	Pág. 93

Cap. 17 O grande dia	Pág. 99
Cap. 18 Reforçando a equipe	Pág. 105
Cap. 19 Sorte ou competência?	Pág. 115
Cap. 20 O sucesso chegou a Taubaté	Pág. 121
Cap. 21 O início no *franchising*	Pág. 125
Cap. 22 Aprendendo a lidar com os obstáculos	Pág. 133
Cap. 23 Pimenta nos olhos dos outros é refresco	Pág. 139
Cap. 24 Chegamos à primeira meta... era hora de diversificar	Pág. 145
Cap. 25 Cresce a rede, multiplicam-se os desafios	Pág. 151
Cap. 26 Novos ciclos, novos resultados	Pág. 157
Cap. 27 O estresse e seus efeitos devastadores	Pág. 161
Cap. 28 A volta por cima	Pág. 167
Cap. 29 Atraindo talentos	Pág. 173
Cap. 30 A crise	Pág. 177
Cap. 31 Sinônimo de sucesso: compartilhando o caminho!	Pág. 181
Cap. 32 E qual é o GPS do sucesso?	Pág. 187

1
ESCREVENDO O CAMINHO

Não é fácil, mas é possível. Deus ajuda quem cedo madruga. Você nasceu para ter sucesso. O que fizer ao próximo, Deus lhe devolverá em dobro. Esses foram alguns chavões que ouvimos de empreendedores como motivação inicial. Acreditamos tanto nisso que, sem sucumbir aos riscos, embarcamos em uma jornada empreendedora sem capital. Nossos sonhos eram tão distantes que muitas vezes nos tornaram motivo de desdenha e chacota. Adjetivos como loucos, burros e até incompetentes eram muito comuns no início.

Durante nosso caminho, buscamos inúmeros livros e referências de pessoas que haviam conseguido trilhar um caminho de sucesso. Empreendedores com unidades próprias e também do franchising, como José Carlos Semenzato, da rede de ensino profissionalizante Microlins; Carlos Martins da Wizard, que já dispunha do título de maior rede de franquias de educação do mundo; Helói Tuff, fundador da Microcamp, que tinha a maior operação de unidades próprias do setor; Samuel Klein, fundador das Casas Bahia e um dos maiores exemplos de superação que já conheci; Mr. Fisk e sua incrível história; Silvio Santos com seu baú; e o lendário Flavio Augusto da Silva, com sua poderosa Wise Up.

O que todos eles tinham em comum? Eram nossos ídolos! Além disso, possuíam as características que tornam empreendedores uma espécie única, parecendo possuírem traços genéticos familiares, visto que pensam e agem na maioria das vezes como pessoas muito parecidas. Todavia, apesar de todas as semelhanças que observávamos, sabíamos que essas pessoas estavam a nossa frente. E, por isso, diversas vezes colocávamos em xeque nossa capacidade de ser como nossos ídolos. Isso talvez seja a grande inspiração para esse "GPS DO SUCESSO" que estou escrevendo agora. E essa resposta é bem simples: o fato era que todos eles tinham chegado ao topo e começado suas jornadas há muito tempo.

Isso criava uma distância gigantesca entre nós, os jovens que possuíam poucas coisas tangíveis e muitos sonhos, e os empresários que haviam conquistado o topo da "montanha do empreendedorismo". Essa dúvida nos acompanhou por muito tempo. Será que era mesmo possível que pessoas tão comuns como nós, sem a formação acadêmica adequada, sem patrocínio e sem a genialidade que nossos ídolos possuíam, conseguiríamos resultados extraordinários como eles haviam conseguido? Seríamos mesmo capazes de um dia estar no topo? Diversas vezes tendíamos a acreditar que eles eram super-humanos e, por isso, alcançaram o sucesso, o que nos causava muita frustração.

Um dia, meu sócio e eu decidimos começar a buscar referenciais que estivessem em um patamar mediano, pessoas que tivessem prosperidade financeira, mas que ainda precisassem trabalhar na expansão e na manutenção dos seus negócios. Viajamos de norte a sul do Brasil e fomos acolhidos por pessoas que estavam exatamente onde queríamos, desde empresários com uma unidade até empresários com 200 unidades. Enfim, estávamos no paraíso porque poderíamos não só sonhar com "os ídolos", mas aprender de forma prática com pessoas cuja realidade era mais próxima da nossa. Isso nos causava uma motivação incrível, que nos transformava em verdadeiras máquinas de resultados.

Nesse momento, eu fiz um trato comigo mesmo e disse que no dia em que conseguisse alcançar a primeira meta dos meus objetivos, que era ultrapassar 100 unidades, escreveria um livro. Este livro servirá como um GPS DO SUCESSO para empreendedores que estão começando ou que ainda não alcançaram seus objetivos, para você, que, assim como nós, é desprovido de superpoderes, possui capital financeiro limitado e busca uma oportunidade de aprender um passo a passo para o SUCESSO nos negócios, contado por uma pessoa que não esteve tão longe de sua realidade.

A partir de agora, contarei como foi a trajetória para a criação do Grupo VA licenciamentos e franquias, a holding de microfranquias que figura entre as principais do Brasil. Hoje com mais de 300 unidades das marcas: Evolute Cursos, Pop Idiomas, Doutor Lubrifica, Web4 Comunicação, Contabexpress e I Go, espalhados por 25 estados do Brasil. Conforme mencionado, todo esse projeto começou com R$ 3 mil de capital inicial emprestado, alguns móveis usados e oito computadores velhos e alugados a R$ 1,00 por dia. E não podemos nos esquecer do mais importante, uma imensa vontade de dar certo. Esta será uma leitura fácil e gostosa, usarei uma linguagem simples e prática, proporcionando ao leitor, uma experiência prazerosa.

Viajaremos no tempo e farei perguntas que trarão a necessidade de reflexão, capaz de fazê-lo se sentir parte do livro e, por vezes, personagens desta história.

Como empreendedores comungam características muito parecidas, a identificação de partes desta história com fatos que aconteceram em sua vida serão inevitáveis, lembrando que os personagens deste livro são pessoas muito especiais e que em algum momento da vida tiveram suas histórias cruzadas com a nossa.

2
O AUTOR ANTES DO GRUPO

Farei uma breve viagem ao passado para que vocês possam entender como as ideias e as pessoas vão se juntando ao longo dos anos.

Deixo a vocês uma reflexão: é importante deixarmos as portas sempre abertas, pois, mais cedo ou mais tarde e por caminhos que fogem a nossa compreensão, a vida vai juntando as pessoas que estão predestinadas a caminhar juntas. Acredito que estamos em constante evolução e que a roda-gigante da vida é contínua, em um dia você está no topo e no outro, na parte mais baixa.

Narrarei fatos e experiência que colecionamos ao longo dos anos. E, para que você possa se beneficiar com esta leitura, serei fiel aos fatos. Repare que em qualquer que seja a fase de nossa vida, sempre teremos muitos problemas. Não importa o tamanho de cada um deles, não são os problemas que determinam seu destino, mas sim a forma como você reage a cada um deles.

Nasci em Nova Iguaçu, Rio de Janeiro, e aos 10 anos de idade me mudei para uma pequena cidade do interior paulista chamada Bananal, à qual minha família pertencia. Sou filho de pais separados, e meu pai faleceu quando eu tinha apenas 10 anos, vítima de complicações no pâncreas, causados pelo consumo excessivo de álcool. Minha mãe passou a trabalhar muito para criar os três filhos sozinha.

Já adolescente em uma cidade do interior não foquei nos estudos, visto que não tinha um referencial. Meu sonho era trabalhar com atividades rurais. Por vezes, via-me sem destino, e, graças a um insight do meu saudoso avô paterno, meu destino que já estava se comprometendo começaria a mudar.

Aos 18 anos, mudei-me para Cacoal, (Rondônia) para auxiliar um tio que acabara de perder seu filho mais novo, vítima de um acidente de moto. Quando cheguei, a princípio causava mais problemas do que soluções, afinal, era o que eu sabia fazer.

Mas, com o passar dos dias e a descoberta de novos referenciais, passei a valorizar a experiência na casa do meu tio. Comecei a me encantar pelo empreendedorismo, pois ele era um homem empreendedor e, apesar dos problemas que estavam atormentando sua vida, possuía um tino empresarial muito bom.

Voltei para a velha cidade e aos velhos hábitos, mas, após algum tempo, eu sabia que precisava buscar novos desafios. Mudamos para São José dos Campos, e, como todo início, foi marcado por dificuldades extremas, o máximo que conseguia eram alguns bicos na construção civil e nada mais.

Com 20 anos de idade, comecei a namorar uma jovem universitária que estudava Odontologia. No entanto, os pais dela não aprovavam o namoro, afinal, eu realmente não tinha nenhuma perspectiva de futuro. Em um belo dia, cansado de carregar materiais de obra e disposto a procurar um emprego formal, li um anúncio de jornal com os seguintes dizeres: "Empresa em expansão busca pessoas interessadas em se tornar executivos de vendas, não precisa de formação acadêmica nem de experiência, daremos todo treinamento inicial, os ganhos ultrapassam dez salários mínimos".

Imediatamente sublinhei o anúncio e no dia seguinte pedi uma carona a minha namorada para participar do processo seletivo. Ainda me lembro de que, quando vi a fila cheia de pessoas querendo a vaga, na mesma hora pensei "ferrou", vou apenas entregar o currículo, pois não terei chance. Mas, assim que cheguei em casa, recebi uma mensagem pelo *pager* (aparelho que era usado para receber mensagens), que eu havia sido pré-selecionado e deveria comparecer no dia seguinte ao mesmo endereço, vestindo roupa social e gravata. Pronto, começava ali outro grande problema, como conseguir uma roupa social e uma gravata? Não tinha nenhum único centavo e também não conhecia quase ninguém.

Bati na casa do vizinho e expliquei que estava precisando de uma roupa social para participar de um processo seletivo; imediatamente, ele entrou em sua casa e voltou com uma gravata vermelha e amarela do Mickey Mouse e disse que a gravata me emprestaria, mas a camisa não serviria, afinal tínhamos estaturas totalmente diferentes. Foi quando pensei que não tinha escolha e, se quisesse participar daquele processo seletivo, que poderia solucionar todos os meus problemas, teria de ir vestido com o que tinha. Uma calça jeans, uma camisa azul xadrez de manga curta e a gravata vermelha e amarela do Mickey. Era o mais próximo que eu tinha de uma roupa social, e essa roupa me acompanhou durante os cinco dias de treinamento e me rendeu o apelido carinhoso de "elegante".

O período de treinamento foi mágico, era algo inédito para mim, eu nunca havia me sentido tão bem, revezávamos entre treinamento de vendas de cursos de inglês, palestras motivacionais do Lair Ribeiro, apresentações de cases de sucesso de outros vendedores mais experientes, advertências, entre outras orientações.

Conforme o tempo passava, os candidatos diminuíam; na sala que começara com vinte pessoas, havia apenas oito. Eu passei a acreditar que poderia ser um dos escolhidos. Na véspera do veredicto, não consegui dormir, só pensava em duas coisas: no dia seguinte eu seria um orientador cultural, já nem ligava mais para o fato de ser um orientador cultural sem ter uma cultura aprimorada; e todos os meus problemas financeiros estariam acabados pela manhã, fato este que era uma necessidade urgente, pois, como minha mãe havia decidido voltar para Bananal, eu seria obrigado a ir junto se não conseguisse um emprego capaz de me manter.

Chegando à empresa, ansioso e aguardando o veredicto, fomos conduzidos a uma sala, onde o selecionador escreveu em uma lousa duas opções de contratação:

1- Dez salários mínimos fixos, sem comissões e sem planos de carreira. 2- R$ 40,00 de comissão por venda, o que era próximo de um terço do salário mínimo e planos de carreira agressivos, podendo, por meio dessa opção, chegar à diretor da empresa. E ele frisou: "Eu busco pessoas interessadas em crescer. Nesta empresa não há lugar para acomodados, mas a decisão é de vocês". Balela! Qualquer pessoa que se decidisse por salário fixo seria eliminada, e sabíamos disso, pois fomos conduzidos, durante toda a semana, a pensar dessa forma.

Eu estava assustado diante desse paradoxo. Se optasse pela solução 1 seria eliminado, se optasse pela solução 2, talvez, não obtivesse retorno imediato e teria de largar tudo e voltar para o interior. Fechei os olhos, fiz uma oração e escolhi a opção 2. Era o que precisava para ganhar a "pasta", como era chamado o emprego, afinal tudo de que precisávamos estava na pasta.

Não esperei o dia seguinte para começar a trabalhar, imediatamente passei a mão no telefone e fui começar o meu trabalho de orientar as pessoas sobre a necessidade de falar inglês, mas não posso deixar de citar que as únicas palavras que eu falava em inglês eram as que eu havia aprendido durante o treinamento e que eram usadas na explicação: *rain* e *broom*. Usávamos essas palavras para exemplificar o modo de aprendizagem mediante técnicas de associação por imagem.

Durante o trajeto até minha casa, a cerca de duas horas de caminhada, fui pensando em como fazer para vender uma matrícula. Fui ao vizinho que me emprestara a gravata para agradecer o apoio e quem sabe vender um curso, mas ele não se interessou. No entanto, diante dos meus insistentes pedidos, ele foi ligando para os amigos e perguntando se alguém tinha interesse em falar inglês, e um quis!

Imediatamente, fui até ele, expliquei o plano, e ele gostou, assinou o cheque de um salário mínimo, que era o valor da matrícula, e me entregou, eu estava com as pernas bambas, a voz trêmula e uma adrenalina tão grande que me esqueci do sono, estava sem dormir. Sabia que, a partir daquele momento, as coisas nunca mais seriam as mesmas, afinal eu era um "orientador cultural".

No dia seguinte, assim que cheguei à reunião de vendas, me posicionei ao lado dos mais experientes. Começou a reunião, e cada pessoa deveria ir à frente mostrar o que fez no dia anterior. Os orientadores apresentavam as vendas, e, a cada cheque, era cantada uma música que só tinha uma palavra, fechou, fechou e fechou. Entrávamos em uma espécie de transe. Assim que mostrei minha primeira matrícula, o grupo inteiro entrou em êxtase, pois não era habitual vender na primeira semana, menos ainda no primeiro dia.

E, assim, fui entre uma matrícula e outra galgando meu espaço e buscando meu cargo de diretor, algo que me credenciaria a ter uma vida digna e poderia até conseguir a bênção da família dessa antiga namorada.

Uma das cenas que marcaram esse meu ano foi o dia em que fui fazer uma apresentação de inglês na casa de uma cliente, especificamente no dia 24 de dezembro, às 18 horas. Era uma cliente difícil, mas eu não estava disposto a desistir. Fui interrompido diversas vezes, porque estava usando a mesa da sala para explicar o curso, e a família dela insistia em nos interromper, pedindo licença para servir a ceia de Natal. Próximo das 21 horas, ela, enfim, sucumbiu às minhas insistências e fechou, realizando o pagamento em dinheiro.

No dia 26, assim que cheguei à reunião, a simpática moça estava na porta da escola prontamente me abraçou forte e disse: "Graças a Deus, todos na minha família achávamos que fosse um golpe, porque nunca vimos ninguém ficar vendendo cursos na casa das pessoas na noite de Natal". Eu sorri e, sem me incomodar com sua desconfiança, agradeci a escolha.

Nós chamávamos essas explicações de cursos de entrevistas, afinal tínhamos de selecionar as pessoas dentro do perfil exigido pela escola. Em uma dessas visitas, entrevistei o dono de uma escola de informática que não se interessou nem um pouco no curso, e sim em me contratar para gerenciar o departamento comercial da sua escola. Ele disse que não importava quanto eu ganhava, ele cobriria. Eu recusei, pois disse que tinha um objetivo, ser gerente comercial e, posteriormente, diretor. Ele insistiu e disse que, se aceitasse, viraria gerente comercial no dia seguinte Após essa negativa, descobri que, por ironia do destino, tínhamos um amigo em comum, um antigo professor de inglês chamado Plínio, o responsável por me apelidar carinhosamente de elegante. Plínio me levou até uma carrocinha de cachorro-quente no Parque Santos Dumont e, com um linguajar calmo e educado, destruiu meus sonhos...

Ele me perguntou: "Você recusou uma proposta de trabalho porque quer ser gerente comercial? Esqueça! Isso não vai acontecer! Basta você perguntar a seus colegas de equipe há quanto tempo eles já estão aqui e se já alcançaram índices para ser gerentes".

Assim o fiz. Três integrantes da equipe já possuíam os pré-requisitos para crescer, mas era necessário esperar a expansão da empresa, o que já durava anos. Fiquei arrasado, sabia que precisaria recomeçar.

3
ALÇANDO NOVOS VOOS

Voltei àquela escola de informática para conversar sobre a vaga de gerente, expliquei minhas limitações e disse que precisaria de duas coisas que seriam fundamentais para ser gerente: 1- Paciência, eu era um bom vendedor, mas nunca havia trabalhado como gerente, e isso me causava frio na barriga. 2- Eu precisaria de um veículo, pois, na época, ser gerente de equipes comissionadas se embasava em despertar nos vendedores a vontade de possuir uma vida igual a sua, e uma das coisas que mais seduziam os jovens eram carros e motos. Para meu espanto, terminamos a reunião e fomos a uma concessionária comprar uma moto CB 400 vermelha.

Estava feito, não havia mais possibilidade de voltar atrás. Então, decidi que, assim como da última vez, não teria mais um plano B, mal sabia que isso me acompanharia para sempre, a necessidade de resultados imediatos.

Nos primeiros dias de trabalho, conheci um menino chamado Marcelo que, além de estagiário de informática, era amigo do dono da escola. Tivemos uma identificação imediata, e ele passou a se interessar pelo meu trabalho. Na primeira semana, eu estava começando a entrevistar pessoas, e o jovem estagiário me perguntou se poderia indicar um amigo de infância. Respondi que sim, o que eu mais precisava era formar uma equipe o mais rapidamente possível, e todos os candidatos, até o momento, não se aproximavam do perfil. Eis que no dia seguinte apareceu na porta um jovem de 1,90 metro de altura, aproximadamente 60 quilos, de terno e gravata e um belo discurso, já que era experiente em vendas. Atuava no ramo de geleias. Apesar de ter achado uma figura excêntrica, percebi que ele se encaixava no perfil e fiz uma proposta: "Apareça com uma matrícula aqui pela manhã e será contratado".

Confesso que não levei muita fé, um jovem diferente, com nome de Alexandre "geleia" ou "desentupidor de canudo" não era o que eu imaginava de um vendedor ideal. No dia seguinte, para meu espanto, estava lá o jovem Alexandre não só com uma matrícula na mão, mas com uma série de ideias para vender mais.

Alexandre, assim como eu, não teve uma infância das mais fáceis, cresceu com outros quatro irmãos, sendo um deles portador de necessidades especiais. Eram mantidos pelo salário do pai, que era eletricista no CTA. As coisas eram contadas, e desde cedo aprendeu que na vida tinha de lutar para alcançar seus objetivos.

Seu sonho da adolescência era fazer cursos de informática e inglês e se desenvolver, trabalhando com comércio exterior. Como não foi possível fazer cursos por causa da sua situação financeira, aprendeu a se virar cedo.

Ele também teve a sorte de aprender com os ensinamentos do avô, um senhor com mais de 90 anos de idade que ainda hoje esbanja saúde e sabedoria. Visando estimular a criatividade dos netos, o avô não os presenteava com dinheiro, mas sim com potes de geleia e ensinamentos sobre vendas porta a porta, para que eles pudessem desde muito jovens aprender a arte de vender. Quero que vocês guardem esse nome, porque nem eu nem ninguém seria capaz de vislumbrar na época que Alexandre e eu seríamos sócios e amigos nem tampouco as iniciais do Grupo VA.

4
DISPENSADOS PELO ÊXITO!

Após a formação da equipe, composta de quatro vendedores, um estagiário e um gerente, as coisas não saíram exatamente conforme planejado.

O método usado na escola de inglês não se aplicava aos cursos profissionalizantes de Informática, e, no primeiro mês, tivemos muitas dificuldades para vender, o que fez o dono da escola – e até eu mesmo – questionar minha capacidade de gerenciar uma equipe comercial.

Em uma das tardes na sacada da escola, na companhia do alegre estagiário Marcelo, começamos a chamar as pessoas que passavam na frente da escola e oferecer, do segundo andar do prédio, um curso de Informática. Em pouco tempo, percebi que todos que chamávamos davam atenção, até mesmo esperavam alguém descer para atendê-los. A partir desse momento, criamos algo que ficaria eternizado no segmento de escolas profissionalizantes e tantos outros, a abordagem! Tratava-se da técnica de segurar as pessoas pelo braço, ganhando a sua atenção, e na sequência apresentar o nosso produto, convencendo-as a subir e fechar o contrato. Foi um sucesso imediato! Poucos meses depois, aquela equipe formada por jovens desconfigurados havia se tornado um verdadeiro sucesso. Apesar de toda a nossa excentricidade, trabalhávamos duro, mas felizes.

Ninguém se importava com folgas ou com horários, só pensávamos em rir e fazer matrículas. Em pouco tempo, preenchemos todas as vagas disponíveis na escola. Foi quando o dono da escola teve uma súbita perda de visão e cometeu um erro que comprometeria totalmente o seu futuro no segmento. Resolveu demitir a equipe comercial e manter apenas o gerente. Assim, quando a escola esvaziasse, era só eu montar outra equipe e fazer o trabalho de captação novamente, assim como acontece hoje em dia. A última das minhas prioridades durante um trabalho é o dinheiro, e naquela época não era diferente, sempre trabalhei em prol de algum projeto, algo que me tirasse o sono e me fizesse sonhar acordado.

Novamente me senti desamparado, era a hora de empreender!

5
O INÍCIO DO EMPREENDEDORISMO

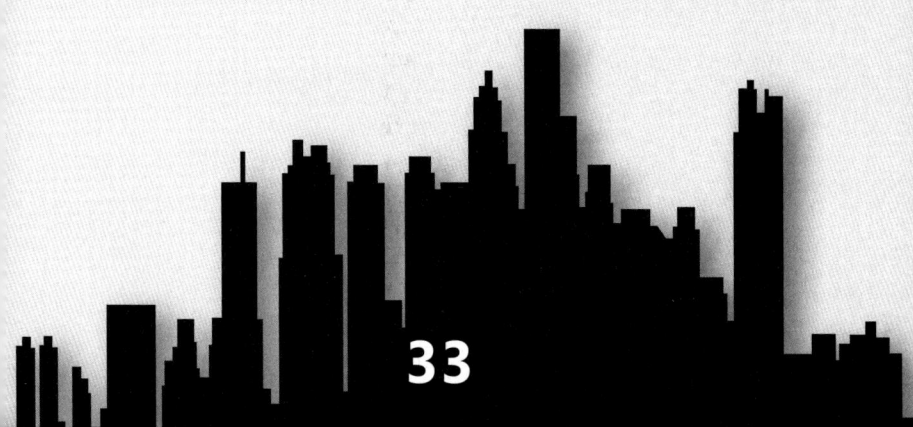

Após esse marcante trabalho, minha fama de "matriculador" se espalhava rapidamente pelos concorrentes da cidade. Em um belo dia, uma amiga que também trabalhava com matrículas disse que gostaria de me apresentar um amigo. Fui ao encontro dele, que, sem muito rodeio, foi direto ao assunto e exclamou: "Estou querendo abrir uma escola e busco um sócio". Imediatamente, senti um calafrio semelhante ao que havia sentido quando precisei trocar de emprego, mas dessa vez estava decidido, era hora de empreender!

Após algumas reuniões de briefing, fomos iniciar o nosso projeto. Nascia ali a POINT (Professional Oportunities In New Tecniques). O professor entrou com um pequeno capital em dinheiro, e eu, com a minha moto, que trocamos por alguns computadores usados. Teoricamente era perfeito, um professor excelente e um vendedor eficiente. Mas, na vida, quase sempre as coisas são mais difíceis do que parecem. Em poucos meses, o professor começou a se sentir injustiçado por dar aulas e não receber. Em pouco tempo, a minha primeira sociedade estava naufragando. Ele reuniu os meus antigos companheiros de trabalho e ofertou sua parte a todos, alegando divergência de visões. Após uma breve disputa, Marcelo, o estagiário prodígio, comprou metade da escola. Então ele, aos 17 anos, e eu, aos 22 anos, fomos viver o sonho do empreendedorismo. Enfrentamos algumas dificuldades e, sem muitas alternativas, recorremos ao pai de Marcelo, que fez um empréstimo para que pudéssemos ter ao menos a oportunidade de continuar tentando. Com esse apoio, em poucos meses já figurávamos entre as principais escolas de São José dos Campos. Aquele lugar era um hospício, fazíamos festas, reuniões de motociclistas e, com um gerente nada ortodoxo e um administrador juvenil, mesmo com um sucesso meteórico, caminhávamos a passos largos em direção à falência. Algum tempo depois, estávamos afundados em dívidas e resolvemos que era hora de seguirmos caminhos separados. Eu me mudei para Caçapava, e Marcelo continuou em São José dos Campos.

Em Caçapava, enfrentando a minha primeira falência, aluguei um quarto, que tinha 1,88 metro de altura, apenas 2 centímetros a mais do que eu, e que estava vazio, pois ali não era um lugar muito confortável, ficava embaixo da nossa filial (POINT). Foi uma boa oportunidade para recomeçar a minha vida profissional. Liguei para meu primo Francisco, com quem cresci junto e até hoje é um grande parceiro que temos. Entrou ano e saiu ano, e as coisas pareciam não decolar, estávamos sempre buscando, abríamos escolas itinerantes, ora aqui, ora ali, mas nada do que fazíamos repetia o sucesso de São José dos Campos. Aprendi técnicas de memorização e leitura dinâmica e viajava por cidades pequenas compartilhando esse conhecimento. Algo que, apesar de prazeroso, não rendia nem o suficiente para as despesas de viagens.

Um dia, acreditando que tudo estava ruim e misturado com algumas questões pessoais, resolvi vender minha escola e, como sempre, o quis fazer imediatamente. Convoquei uma reunião com os funcionários e perguntei se eles tinham interesse em serem os donos da escola, pagando-a com o próprio lucro. Assinamos a venda da escola por 36 vezes de R$ 1 mil. Peguei minhas coisas e me mudei para a cidade de Barra Mansa, Rio de Janeiro, acreditando que seria mais feliz se morasse perto de minha família, que morava em Bananal, São Paulo. Que erro! Foi uma das decisões erradas que tomei e teve impacto negativo em minha vida!

Após a mudança, comecei a sentir na pele a falta de renda e me prontifiquei a começar um novo negócio, em parceria com meu primo Francisco. Iniciamos pequenas parcerias em algumas escolas estaduais e com a Via Master RH, empresa que, além de recolocação no mercado de trabalho, realizava alguns treinamentos. Como sempre fomos fortes na questão comercial, logo firmamos parcerias e começamos a aplicar cursos com uma ONG local. A falta de gestão, aliada a algumas parcerias que não deram certo, foram aos poucos transformando nosso sonho em uma realidade composta de desânimo e dívidas, a ponto de não conseguirmos mais honrar contas simples como o salário dos profissionais e até o aluguel residencial. Era o início do fim!

6
O FUNDO DO POÇO

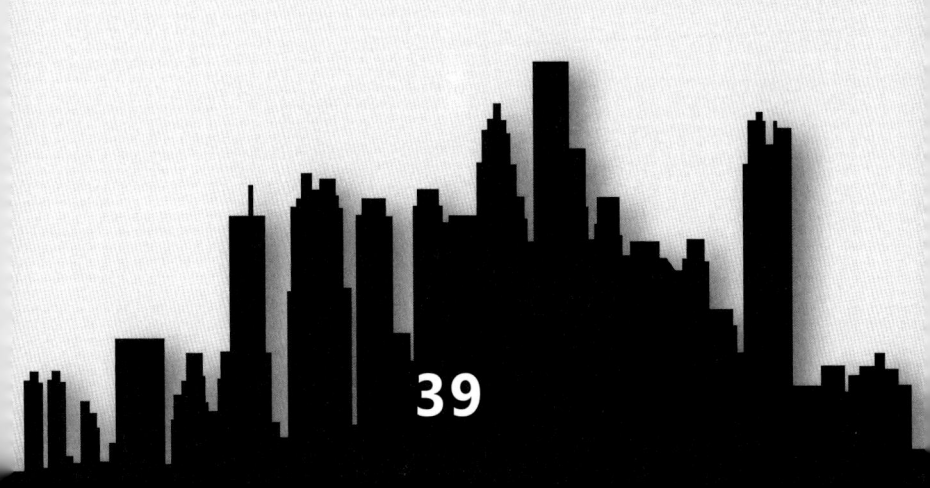

O que eu mais temia aconteceu, não tivemos dinheiro para continuar, tampouco para continuar no apartamento onde morávamos.

Francisco se mudou para a casa da minha tia, um apartamento estilo BNH de aproximadamente 50 metros quadrados que ela dividia com a filha. Eu ainda tentei por mais algum tempo reencontrar o caminho do êxito, porém sem sucesso. Após um curto período, fui obrigado a deixar o apartamento em que morava e me mudei para o apartamento vizinho da casa da minha tia.

Tratava-se de um apartamento que um pai comprou e resolveu reformar para dar ao filho de presente, mas, durante a reforma, o filho se acidentou e veio a falecer. O pai acabou abandonando o imóvel. Por meio de uma autorização conseguida por minha tia, ele me autorizou a guardar meus móveis lá. Acabei indo com os móveis. O local estava sem piso, sem cozinha, sem banheiro, sem luz e sem água. Puxamos uma extensão da casa dela para ligar uma TV, um ventilador e uma lâmpada, instalamos um galão de 20 litros de água como mictório, e para tomar banho e usar o banheiro, na maioria das vezes, eu ia à casa dela e, quando não batiam os horários, ia a shoppings ou postos de combustível. Era um caos!

Eu estava namorando há apenas um mês quando isso aconteceu, e, pasmem, futuramente essa namorada se casaria comigo. Louca, não é?

Após seis meses vivendo em condições sub-humanas, eu não só estava falido financeiramente como também isso havia afetado o meu psicológico, e eu já não esbanjava a autoconfiança de outrora. Hariana e eu estávamos completamente apaixonados, mas eu não conseguia me recuperar das consequências devastadoras causadas pela falência. Hariana parecia não ligar para minha situação financeira e por vezes tentava melhorar minha qualidade de vida, enfeitando ou cuidando do ex-apartamento abandonado. Ela me visitava constantemente com sua filha de 6 anos, Isabela, uma menina esperta, de olhos marcantes, que inicialmente fez oposição ao nosso namoro, mas em um futuro próximo se transformaria em uma verdadeira filha para mim.

Eu já tinha jogado a toalha, e meu único exercício era aprender a viver sem dinheiro e sem conforto. Já não ligava para aparência, nem carro, nem nada, apenas me contentava com comida e amor. Um belo dia, minha tia havia saído e não deixou a chave embaixo do tapete de entrada, conforme o habitual. Pois bem, achei que ela havia se esquecido, peguei a minha muda de roupa e fui para o posto de gasolina; no dia seguinte, a mesma coisa, e eu sem compreender o motivo. Fui ao posto com o coração apertado, mas, lá chegando, desisti do banho, pois o banheiro estava inabitável. Perguntei para minha tia, no dia seguinte pela manhã, se tinha feito alguma coisa que a tinha magoado? Por que não estava deixando a chave para que eu pudesse utilizar o banheiro? Então ela olhou dentro dos meus olhos com o olhar marejado e disse que não deixaria mais a chave ali, pois não aguentava mais me ver naquela situação e eu deveria seguir em frente.

Sentindo-me totalmente abandonado, como um cachorro que caiu do caminhão da mudança, me pus a chorar durante uma tarde inteira, coloquei em dúvida a minha fé e não sabia o que poderia fazer; a única coisa que pedia era uma luz no fim do túnel.

No dia seguinte, sem banho, pois não consegui entender, naquele momento, essa atitude da minha tia, fui até a casa da minha namorada e expliquei o que estava acontecendo. Após o término da explicação, chorávamos sem parar, e eu disse que conhecia uma cidade chamada São José dos Campos. Contei a ela o sucesso que tive com vendas e fechamentos de matrículas lá e que talvez fosse um bom lugar para recomeçar. Precisaria de dinheiro emprestado, ela, mãe na adolescência, dispunha apenas de R$ 600,00, dinheiro que economizava há meses para comprar um computador. Sem qualquer questionamento, foi até o banco, pegou todas as suas economias e me entregou, acreditando na promessa de que em um ano eu voltaria e me casaria com ela.

EXPECTATIVA

REALIDADE

BANHEIRO

7
O RECOMEÇO

Era hora de secar as lágrimas e voltar a viver, peguei um cartão telefônico e liguei para meu ex-sócio, Marcelo, e, após alguns minutos de saudações, expliquei minha situação e perguntei se ele poderia me acolher em sua casa por alguns dias, até que eu conseguisse um emprego e um lugar para morar. O sim foi imediato.

Assim, fui até a rodoviária e comprei passagem no primeiro ônibus. Chegando lá, conheci os dois amigos com quem ele dividia a casa: Celso e Arroz, pessoas muito especiais que me apoiaram de diversas maneiras em uma fase da minha vida que a única coisa que eu poderia oferecer era a minha amizade. As coisas não estavam fáceis, mas eu já podia sentir a motivação de novos ares. Na primeira manhã, fui atrás de emprego, com um momento de resenha, consegui um emprego para vender cursos apenas por comissão. Algo que eu sabia que era difícil, mas totalmente possível. Mas nem tudo eram flores. Meus gentis amigos eram funcionários públicos e, diferentes de mim, estavam com a vida encaminhada. Assim, saíam diariamente e chegavam durante a madrugada em horários alternados, mas com uma coisa em comum, todos pulavam por cima de mim, pois eu dormia na sala, contavam como foi a noite e o que eu havia perdido por não ter ido.

Após 15 dias nessa rotina, estava exausto.

Sentia que, além do comprometimento do sono, não poderia morar na sala da casa deles para sempre. Fui à busca de uma pensão. Consegui uma por R$ 300,00. O ponto fraco era o banheiro, para variar. Tinha de ser compartilhado com muita gente, e a maioria sem higiene, mas para quem antes não tinha era uma evolução. Já tinha gastado uma quantia com passagem e comida durante esses dias, havia me sobrado menos de R$ 100,00. Mediante a preocupação de ficar sem recursos financeiros em uma cidade grande, fui até o restaurante popular e comprei 30 fichas de almoço por um real cada e, na loja de R$ 1,99, comprei 30 sacos de biscoitos. Ali estava garantida, por mais alguns dias, a minha oportunidade, eu tinha casa, almoço e jantar. Era só trabalhar! E foi isso que fiz, agarrei aquela oportunidade com unhas e dentes.

Batia de casa em casa e de comércio em comércio atrás de vendas, mas sabia que isso não era o suficiente. Assim, me tranquei no escritório e criei uma carta-convite que tinha como pegada comercial mostrar quanto custava o curso desmembrado, o que o tornava bastante atrativo, e logo as vendas se multiplicaram. Com o primeiro dinheiro que ganhei, troquei meu carro atual, um Escort Guarujá 1992 que outrora havia servido de galinheiro, seu radiador era furado e não possuía os documentos em dia. Ele mais parecia uma lata velha. Negociei com um lindo Daewoo Espero 1995. Eu estava em êxtase! As vendas aumentavam a cada dia, e eu já podia sentir a chegada de uma primavera promissora, na qual poderia recuperar algo muito além de bens materiais, eu estava recuperando meu amor próprio, minha autoestima.

Um belo dia, antes de pegar o meu carro novo, fui de ônibus visitar um amigo de longa data, meu primeiro vendedor Alexandre Loudrade. Após um contato pela internet, encontrei-me com ele no seu trabalho, uma escola que quase havia comprado, e mais uma vez em sua vida perdeu um negócio para alguém que possuía garantias.

Ele estava recém-casado, ficou por ali trabalhando em funções administrativas. Após me apresentar o seu local de trabalho, ele me segurou pelo braço e me levou até o canteiro central da Avenida Andrômeda e lá me disse: "Estou montando uma escola em Taubaté, preciso de um sócio, você abraça as vendas e eu administro, assim como eu queria fazer na época da Point, mas seu ex-sócio, o professor, não me vendeu, pois eu não tinha garantias".

Eu não tive a menor dúvida, recusei imediatamente, falei que empreender era uma furada, que arruinava com a vida das pessoas. Fiz um breve resumo da minha história de sofrimentos e lhe desejei sorte. Tudo que eu queria era continuar minha vida de vendedor.

8
AS AÇÕES DO DESTINO

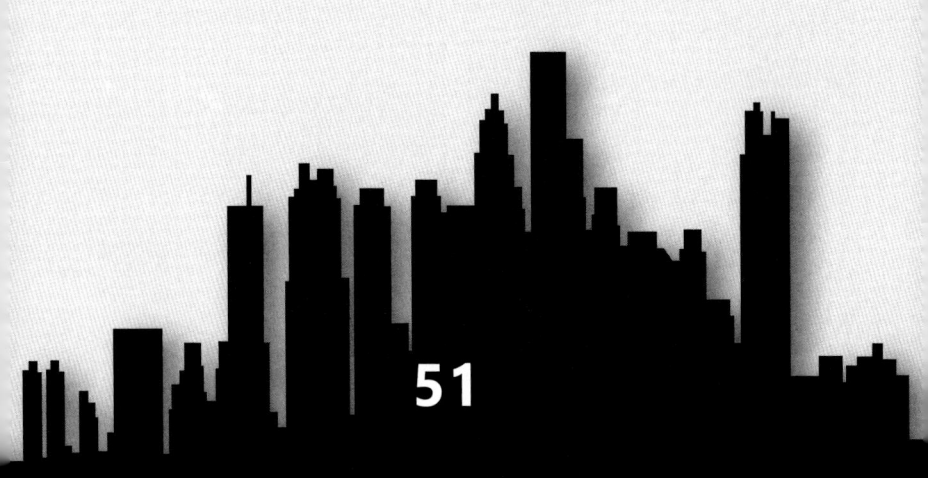

Exatamente 15 dias após essa conversa com Alexandre, cheguei para trabalhar, e meu patrão me chamou na sala dele. Ele explicou que as coisas estavam indo muito bem e, por isso, decidiu trazer um especialista em matrículas, e, com isso, eu poderia aproveitar esse bom momento para encher a escola e aprender muito com ele.

Confesso que não entendi, mas respeitei. A sensação era a mesma de um atacante que está liderando a artilharia do campeonato ver o técnico contratar alguém para substituí-lo e colocá-lo no banco de reservas. Mas, seguindo suas palavras, abri meu coração para aprender com o tal especialista.

Eis que chega um vendedor com cara de malandro, marrento e metido a conquistador. Embora falasse o tempo inteiro sobre quanto ele era bom e contasse os detalhes de seus feitos, não tinha nenhum centavo no bolso. Ofereci dividir o meu quarto da pensão com ele, que não recusou. Chegando lá, me explicou sobre um problema de coluna e me convenceu a dormir no chão e ceder a cama para ele. Sem problemas, eu aprenderia muito com ele.

Na primeira semana de trabalho, eu não fiquei muito satisfeito. Ele ganhou minha equipe de panfletagem, minha assistente, pegou meu material e adotou como dele e, por fim, começou a se apossar das minhas vendas. O que me incomodava é que ele passava a tarde revezando entre dormir após o almoço ou tomar cervejas e jogar sinuca em botequins pela cidade.

Eu estava sendo, praticamente, obrigado a supervisionar as duas panfletagens, a minha e a dele. Comecei a me questionar sobre a pessoa que o patrão insistia em dizer que me ensinaria muito.

O tiro de misericórdia na minha motivação viria no momento em que, mesmo eu mantendo o melhor número de vendas e carregando aquele marmanjo nas costas, fui obrigado a aceitar uma redução na comissão, porque o "supervisor" teria de ser comissionado. Pronto, foi a gota d'água, e eu já estava disposto a procurar um novo projeto.

Alexandre estava me chamando há semanas para trabalhar com ele, e, com esse problema no meu emprego, resolvi ir até Taubaté para conversarmos sobre uma oportunidade de parceria no departamento comercial, afinal éramos amigos, e eu tinha certeza de sua ética e sua produtividade.

9
ENFIM, SÓCIOS!

Na primeira visita ao Alexandre, em Taubaté, encontrei uma escola simples, porém bem montada, com *banners* na recepção. Mesmo com toda aquela simplicidade, superou as minhas expectativas. Em contrapartida, encontrei um Alexandre diferente, desmotivado e sem confiança. Aquele empresário precoce que outrora andava de terno, com um discurso autoconfiante, agora estava sem ânimo e com hábitos diferentes. Trabalhando de calça de moletom, blusa de malha, meias, chinelos, cabelo sem corte e barba por fazer. Era tão incomum vê-lo sem o habitual terno e gravata que o fato, imediatamente, chamou a minha atenção.

Teria ele sido afetado pelos problemas que assolam pessoas que começam seus negócios sem nenhum recurso? Sim! Além disso, seu último patrão, um ex-executivo da indústria, com formação acadêmica exemplar e poliglota, havia pedido ao Alexandre que não se arrumasse tanto para trabalhar, pois, segundo ele, não combinava com aquele modelo de negócios. Uma coisa totalmente sem sentido!

Após alguns minutos de conversa, percebi que não se tratava de uma entrevista de empregos, mas sim de uma tentativa de vender o negócio. Conforme já tinha exprimido antes, não possuía nenhum interesse em voltar a trabalhar empreendendo sem recursos, afinal, cachorro mordido por cobra tem medo de linguiça!

Sentindo-se frustrado por não alcançar seu objetivo, Alexandre partiu para o plano B, que era me vender 50% da escola e assim poder alavancar o seu negócio sem precisar investir em despesas para a captação de alunos. Polidamente, continuei a recusa, então ele resolveu me mostrar a empresa. Uma recepção vistosa, com excelente comunicação visual, uma sala de aula de informática com oito computadores usados e alugados por R$ 1,00 cada por dia, uma sala com cadeiras universitárias emprestadas e alguns outros móveis também emprestados. Era uma escola muito simples, na qual duas coisas ficavam muito visíveis: havia sido montada sem dinheiro e tinha capricho, estava limpa, enfeitada e bem-cuidada. No meio da escada, havia uma porta com uma placa indicando a diretoria, de onde ecoava um incessante choro infantil. Após subirmos as escadas, vi o que eu já imaginava. A diretoria era na verdade a sua casa, onde ele morava provisoriamente com a esposa Vanessa e a filha Gabriela, na época com menos de 1 ano de vida. Durante as apresentações do espaço, um pequeno quarto que entulhavam alguns móveis de sua antiga casa me foi apresentado da seguinte forma: "Se você entrar na sociedade, aqui será o seu quarto". De repente, ele abriu a porta de um grande banheiro, com azulejos rosas e azuis, típico de construções antigas, e exclamou uma frase que possuía uma melodia digna de uma música de sucesso: "Aqui será o seu banheiro"! Nessa hora, de maneira quase incontrolável, perguntei: "Só meu?". E ele respondeu, sem entender a entonação da pergunta: "Sim, por quê?".

Eu fiquei encantado com a possibilidade de ter um banheiro só para mim. Aquela possibilidade remota de encarar um negócio sem recursos novamente passou a se tornar iminente a cada minuto diante daquele banheiro. De forma espantosa, comecei a sentir contrações na barriga e desfrutei aquele momento mágico de usar um banheiro em paz, algo que só entendemos a importância quando perdemos.

Assim que terminei de usar aquele maravilhoso banheiro, retornei disposto a fazer parte daquele negócio e tentar mais uma vez. Entretanto, como percebi que precisaríamos de um milagre para dar certo, fiz algumas ressalvas. Ele teria de voltar a ser o Alexandre que eu havia conhecido naquela época e deixar de se dedicar a atividades paralelas – na época, Alexandre estava pensando em vender a escola total ou parcialmente para se dedicar a um projeto de vendas de espumas e travesseiros em parceria com o sogro.

Ele topou, e na segunda-feira seguinte eu estava lá com a minha mudança, que se resumia a um carro, um travesseiro e algumas mudas de roupa. Encontrei um Alexandre à moda antiga: barbeado, bem-vestido e com aquele antigo brilho no olhar que sempre fez com que se destacasse na multidão.

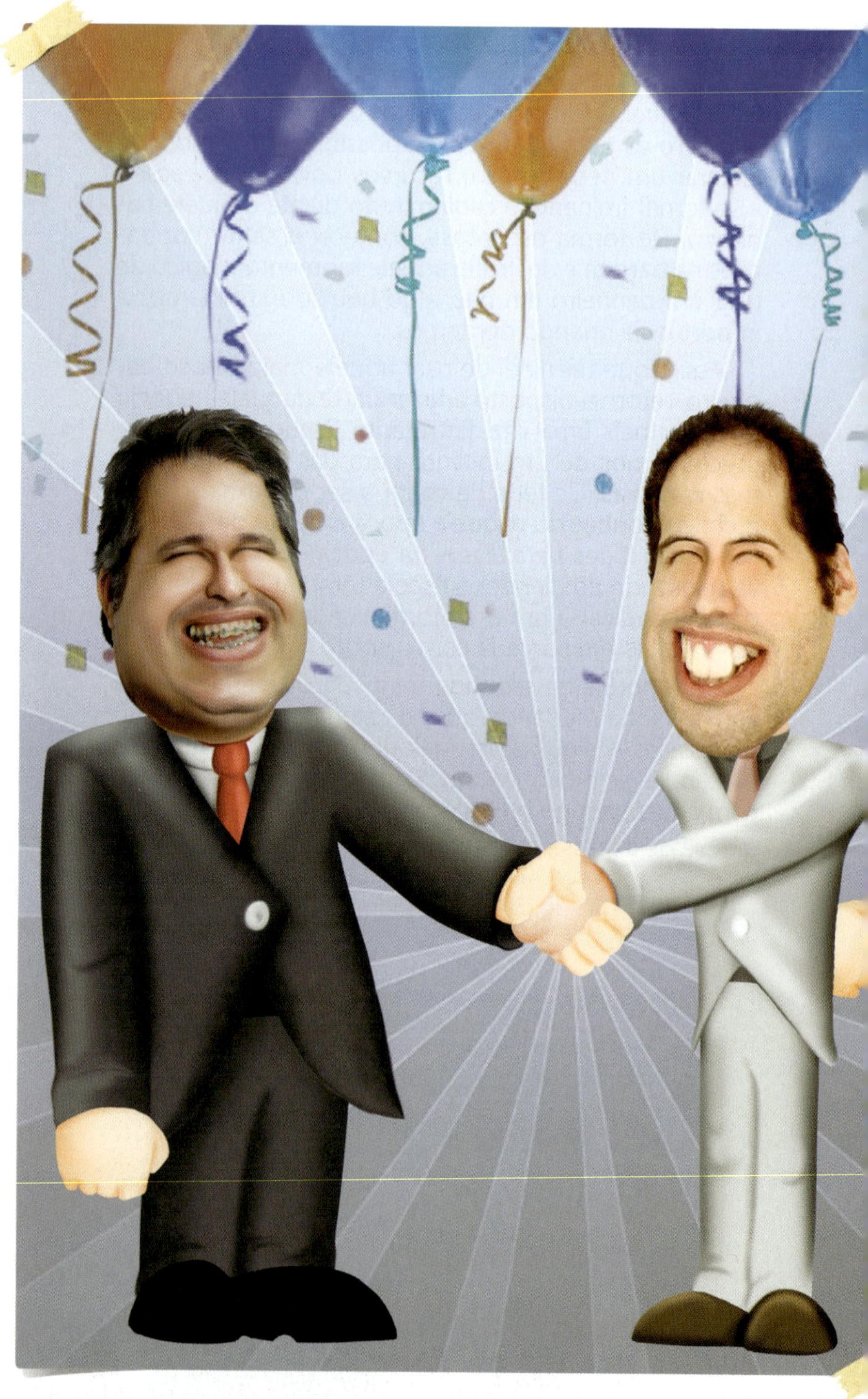

10
O INÍCIO DE UM SONHO

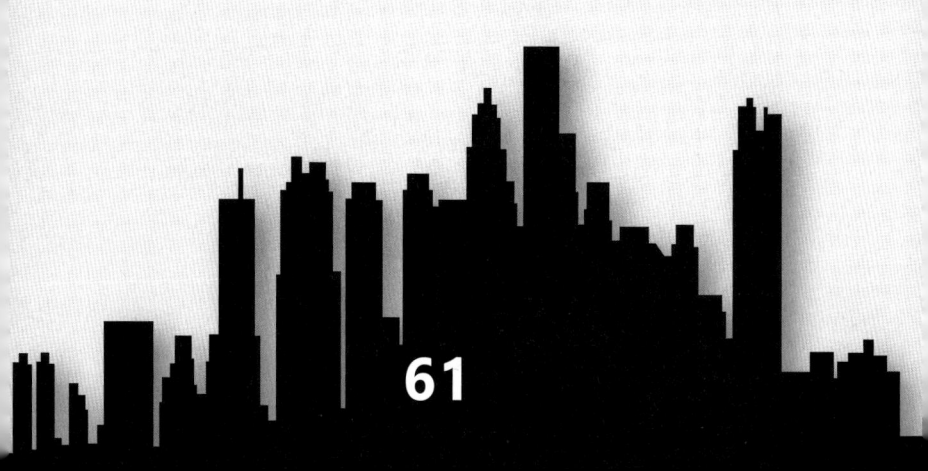

Durante o início do empreendimento, moramos juntos por um período, e isso me fez enxergar como a minha vida era fácil.

Alexandre e a família estavam em uma situação muito complicada. A mulher tinha uma expressão facial de desespero, passava dia e noite dentro do quarto, no andar de cima, tentando fazer a criança parar de chorar.

A cozinha, no andar de baixo, ficava entre as salas de aula, o que impossibilitava várias coisas, mas a mais marcante de todas era o fato de não poder cozinhar feijão, pois o cheiro demorava a sair do ambiente, e Alexandre queria passar um ar de profissionalismo para seus alunos. Outra das cenas marcantes dessa época foi o dia em que eu abri a geladeira da cozinha e não havia nada, além de água e margarina. Naquele momento, percebi que nós não tínhamos tempo. A coisa estava feia!

Nada era capaz de diminuir nossa motivação. Fomos buscar parcerias, colar cartazes para contratar panfleteiros e outras atividades. Alexandre havia pedido à esposa que fosse passar um tempo com os pais dela para que ele pudesse focar somente no trabalho, e assim ela fez.

No primeiro dia, sozinhos na casa, chegou a hora do almoço, e nada de pararmos o trabalho; às duas horas da tarde, eu já estava com dor de cabeça e esboçando um mau humor, e nada; às cinco da tarde, eu já estava com dor de estômago e muito mal-humorado por ficar sem comer, e nada. Até que às seis da tarde, eu exclamei: "Me diga uma coisa: você não come?". Ele, calmamente, do alto de seu 1,90 metro e seus 60 quilos, o que o fazia ostentar o apelido de Canudo, disse: "Comer é a minha quinta prioridade, mas eu vou fazer uma janta para nós".

Um gordo jamais colocaria comida em quinta prioridade. Estava ali a nossa primeira divergência. Alexandre abriu tranquilamente o armário, retirou um pacotinho de macarrão instantâneo. Enquanto eu o observava, ele serrou o macarrão ao meio, e as minhas suspeitas se concretizaram. Era mesmo para dividir entre nós dois! Na mesma hora fui tomado por um sentimento que mesclava fúria e desespero e exclamei: "Se você quiser realmente ser meu sócio, teremos de seguir uma regra." Ele, com cara de dúvida, sem entender minha indignação, perguntou qual. Então, disse a ele: "De hoje em diante, eu nunca mais trabalharei sem almoçar, e será obrigação da escola nos dar a comida. Sem salário, eu fico, mas sem comida, não".

Ele, sem entender muito, concordou. Um magro nunca entende um gordo! De lá para cá, mantemos essa tradição e até hoje almoçamos juntos e por conta da escola. Só para constar, Alexandre engordou 20 quilos e ainda assim é chamado de magro.

Havia chegado o grande dia. Após enfrentarmos muitas dificuldades geradas pela falta de expediente em nossa primeira semana, entregamos os convites e, na véspera da data marcada para o atendimento, sofríamos com uma ansiedade sem fim. Os convites haviam sido comprados fiado e dependiam do resultado para ser pagos. Foi uma longa noite!

No dia seguinte, a recepção estava cheia, e começamos o atendimento. Eu comecei fazendo as matrículas, uma após a outra, sem perder um cliente sequer; nós precisávamos deles! Mas o movimento estava intenso, por isso chamei o Alexandre e pedi a ele que atendesse em outra sala, visando evitar uma debandada de clientes por causa da demora. Ele segurou minhas mãos e espantado me disse: "Eu não posso! Eu não estou preparado".

Imediatamente, lembrei meus tempos de apartamento abandonado e entendi que o medo estava ofuscando aquele profissional brilhante que conheci no passado. Retribuí o aperto de mão e disse: "Fique calmo! Eu ficarei o tempo todo na sala, e faremos isso juntos". Ele, mesmo trêmulo e pálido, aceitou prontamente o desafio, fui até a recepção e busquei a cliente da vez, uma senhora de aparência humilde que aparentava ter uns 50 anos e um adolescente de aproximadamente 15 anos. Abri a porta da sala, apresentei-os e disse: "Fiquem à vontade, o Alexandre vai atendê-los!". Fechei a porta e os deixei na sala. Em cinco minutos, saíram pela porta com sorriso no rosto e contratos nas mãos. Alexandre agradeceu a preferência, olhou em meus olhos com uma espécie de ira misturada com gratidão e, naquele momento, senti que um gladiador havia sido liberto de um sono profundo, de forma acelerada e em um ritmo insano.

O jovem inseguro se transformou, ele passou a atender um cliente atrás do outro durante todo o dia e com uma garra incrível. Ele me fez acreditar que a vitória seria apenas questão de tempo!

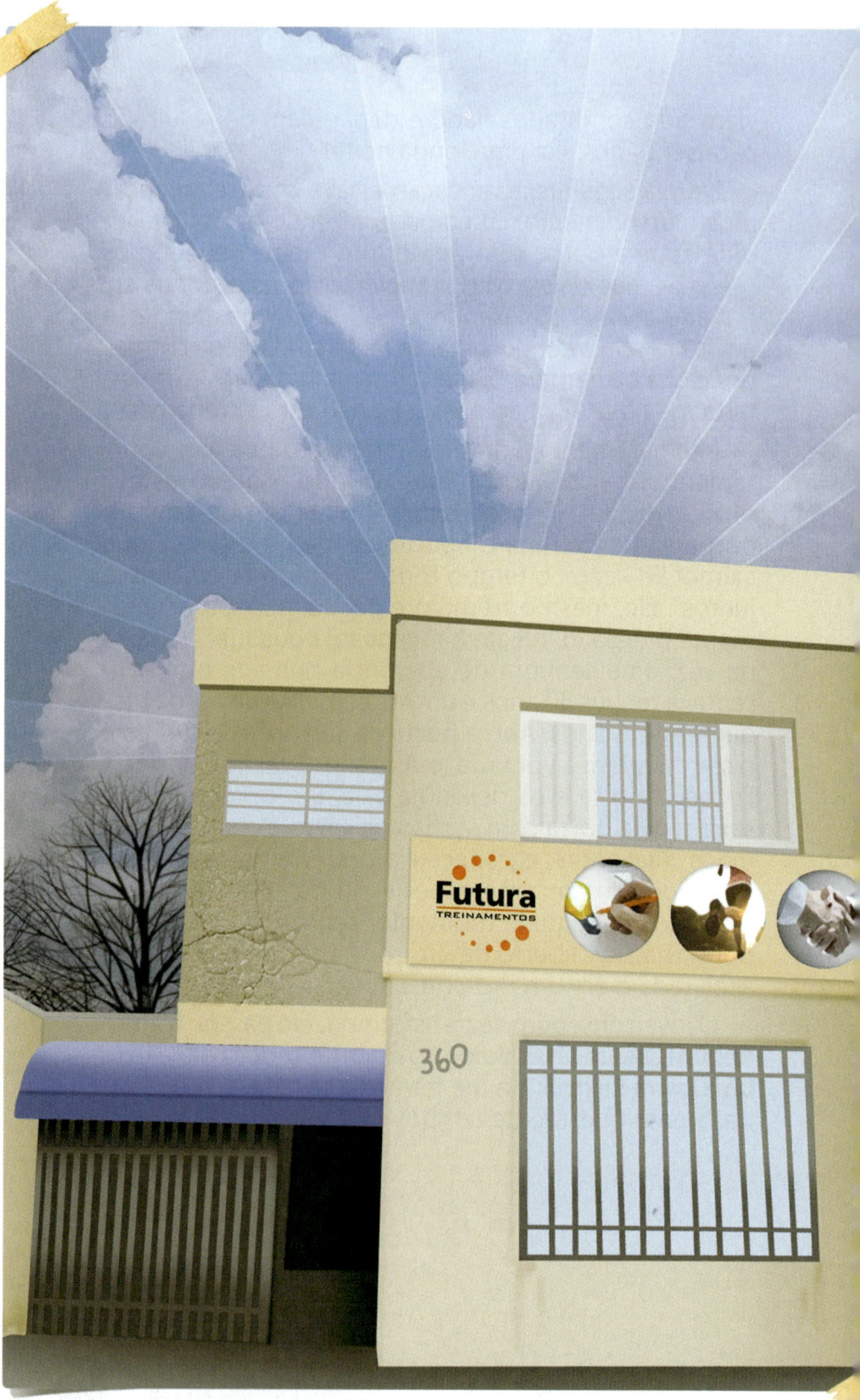
Futura
TREINAMENTOS
360

11
OS DESAFIOS INICIAIS

Nada foi fácil. Como estávamos formando uma dupla incrível no comercial, contratamos uma moça com experiência para cuidar da parte pedagógica das aulas e da gestão das recepcionistas e dos professores que contratamos. Ao todo, tínhamos cinco funcionários. Sem saber, colocamos um lobo para cuidar das ovelhas, e as coisas começaram a piorar. Por mais que colocássemos alunos, não conseguíamos encher a escola, porque, na mesma velocidade, aconteciam os cancelamentos sempre pelo mesmo motivo, acreditavam que a escola iria fechar!

Um dia, estava muito descontente com essa situação, pois já havia trabalhado em escolas menores e nunca vivi uma situação como essa. Combinei com o Alexandre que ficaria na escola naquela semana, enquanto ele sairia para fazer a divulgação. Eu tentaria descobrir o que estava acontecendo. No primeiro dia, o clima estava estranho. Eu parecia incomodar; a todo momento, formavam-se rodas de funcionários que se desfaziam com a minha chegada. No segundo dia, logo nas primeiras horas do dia, a bomba explodiu! Um a um todos os funcionários entraram na sala de atendimento onde eu ficava e pediram demissão. Os motivos eram diversos, desde compromissos na faculdade até o absurdo de falar que minha voz lembrava o ex-namorado de uma recepcionista, e isso causava nojo. Estava feito, em pouco mais de 30 minutos, todos pediram demissão, exceto um professor que dava aulas de Logística e trabalhava por hora. Já era um senhor aposentado da Volkswagen que trabalhava exclusivamente pelo prazer de ensinar os seus conhecimentos, o que o fazia ser imune a qualquer tipo de tramas ou complôs.

Peguei o telefone, liguei para o Alexandre e solicitei que ele voltasse imediatamente para a escola, pois tínhamos um problema a resolver.

Alexandre assumiu as aulas, enquanto eu fiquei na recepção marcando entrevistas para remontar a equipe. Dois dias depois, estávamos com o quadro todo formado e podíamos voltar a trabalhar.

Perder uma semana de vendas teria um tremendo impacto em nosso fluxo de caixa, e as contas não iriam fechar! Foi quando decidi reativar um antigo *nickname* no MSN: "O rei das matrículas". Começamos a divulgar a venda do nosso modelo de convite e trabalhos de captação de alunos para escolas de cidades vizinhas e até para alguns concorrentes, visando arrumarmos dinheiro para viver e cumprir as obrigações da escola. Tínhamos um trato: se precisássemos atrasar os salários de qualquer funcionário por um único dia, fecharíamos o negócio.

Começamos a atender aos concorrentes nos fins de semana. Por vezes Alexandre ia para um lado e eu para o outro, mas não adiantava, o resultado não era suficiente. Houve até um caso engraçado nessa época. Uma cliente que visitava o atendimento de todas as escolas buscando promoções para fazer cursos, durante três semanas seguidas, não importava a qual escola ela fosse, lá estava o Alexandre atendendo. Até que no último dia, assim que o viu, furou a fila e perguntou: "O senhor está em todo lugar? Tenha paciência, eu quero novidade!". Assim, resmungando sumiu no horizonte.

Paralelamente a isso, o tempo estava passando. Estava quase chegando a data do meu casamento um ano depois, e eu mal conseguia me manter. Apesar de eu haver prometido que voltaria para casar com Hariana, já cogitava adiar. Eu estava com muito medo de assumir uma mulher e uma enteada e não conseguir ser capaz de sustentá-las, mas não passava pela cabeça dela adiar o casamento, era preciso continuar com o projeto e me preparar financeiramente para assumir a responsabilidade de ter uma família.

12
MILAGRES
ACONTECEM

Às vezes, nós nos sentimos vivendo um verdadeiro milagre. Certo dia, aproximava-se o quinto dia útil. Havia chovido muito, e isso comprometeu nossas vendas, e acabamos ficando sem dinheiro para quitar os salários. Seria o fim? Estaríamos arruinados? Em meio a um desânimo geral, entrou um rapaz procurando curso de NR10 *in company*, após uma apresentação básica, comprou o curso do Alexandre e pagou à vista, solucionando todos os nossos problemas do mês.

No mês seguinte, relaxamos, porque estávamos com foco na captação de alunos. Mas novamente, na véspera do quinto dia útil, a situação se repetiu: cheque especial estourado e, ainda, não houve campanha de vendas naquela semana, o que impossibilitava a entrada de recursos de taxas de matrículas. Não conseguíamos pensar em nada. Muitas vezes pensamos em desistir. Esse foi um período difícil, provavelmente, se não tivéssemos um ao outro, teríamos desistido. Sempre que o Alexandre chegava desanimado e querendo desistir, eu o lembrava de todos os nossos sonhos, e voltávamos ao foco – ele agia do mesmo modo comigo. Mas tive um momento de desespero e solicitei ao meu sócio que preenchesse um cheque para 30 dias, pois eu iria até Bananal tentar trocá-lo com algum agiota local. Seria a última tentativa antes de jogarmos a toalha. Quando eu já estava no meio do caminho, Alexandre me liga e, gritando, me diz: "Vendi, vendi, vendi".

Eu perguntei: "Vendeu o quê?". E ele gritava ainda mais: "Volta, vendi, vendi, volta...". Fiz o retorno e voltei. Chegando à unidade, descobri que Deus havia operado outro milagre e mandou um raio cair duas vezes no mesmo lugar. A empresa que comprou o curso de NR10 no mês anterior voltou satisfeita e resolveu comprá-lo para o restante dos funcionários. Mesmo muito felizes, sabíamos que não teríamos uma terceira chance e voltamos, imediatamente, ao foco. Decidimos que a escola não teria condições de manter nós dois e ainda sobrar dinheiro para investimentos. Não podíamos mais continuar tão vulneráveis a ponto de todo mês surgir a dúvida de se devíamos continuar ou desistir. Essa situação era muito desmotivadora, e, por mais que tivéssemos foco, era praticamente impossível não desanimar e comprometer o rendimento de nossas performances, que eram tão importantes para o negócio naquele momento.

Após decidirmos, fui ao mercado de trabalho e consegui um emprego de gerente comercial na empresa vizinha. Eles atuavam no ramo de automação comercial, e meu sócio passou a receber um pró-labore de um salário mínimo para tocar a escola. Eu saía do meu novo emprego às 18 horas, e ficávamos até as 21 horas buscando soluções para nosso empreendimento. Nossas tentativas eram muitas. Por vezes, contratamos especialistas em vendas que tinham resultados maravilhosos em outras praças, mas bastava chegar a Taubaté para o resultado ser medíocre. Ficávamos com um misto de sentimentos, tristes, aborrecidos, apavorados e completamente desmotivados; questionávamos se estávamos no ramo certo ou se estávamos na cidade certa, porque não importava o que fizéssemos o resultado sempre era ruim.

Hoje em dia, olhando para trás, não me restam dúvidas de que essa empresa foi construída com muito trabalho, mas com uma forte interferência divina. Mesmo não frequentando igrejas, tenho fé e sei reconhecer a presença de Deus. Às vezes não entendemos o porquê de passar por tamanhas provações, mas, olhando para trás, vejo que, a cada dificuldade que passávamos, melhorávamos um pouco mais. A cada tentativa fracassada, íamos ganhando maturidade e inteligência, e as próximas eram sempre mais elaboradas.

Se lá no início de nossa empresa algumas daquelas tentativas de contratar outras empresas para a captação de alunos em nosso lugar tivesse dado certo, jamais teríamos desenvolvido as habilidades que mais para a frente seriam tão exigidas para o sucesso de nosso negócio.

13
MEDO, INSEGURANÇA E AMOR

Chegou o dia do meu casamento, e com certeza as histórias que aconteceram em torno desse evento dariam no mínimo uns três capítulos, mas prometo que não entrarei nesse mérito, pois o foco é comercial. Só para não passar despercebido, na véspera do casamento, eu estava vendendo cursos, e minha mulher cancelando a festa. Minha mãe, na melhor das intenções, acabou distribuindo mais convites do que tínhamos previsto, e isso sem querer acabou tornando inviável a realização do evento, pois não tínhamos esse dinheiro.

Casado, com aluguel, luz, água e condomínio para pagar, farmácia e compras do mês para fazer. E agora? Alexandre e eu combinamos de substituir dois funcionários por nossas duas esposas: Hariana, que era professora de inglês, dava aulas e coordenava a escola e Vanessa, que possuía experiência em escritório na parte administrativa. Muitas vezes, essas duas faxinavam e pintavam paredes até a madrugada. Vanessa ficou conosco por mais de um ano, e Hariana, por seis. Somos muito gratos a essas duas guerreiras pela contribuição com o projeto. Sabemos que isso tudo seria bem mais difícil se não fosse o apoio e a contribuição de nossas esposas.

Certo dia, entrou pela nossa porta um rapaz bem-vestido e com ar sério, procurava pelo "rei das matrículas". Seu nome era João Ecredio. Há alguns anos, Alexandre havia sido seu aluno em um curso específico para donos e gerentes de escolas. João se apresentou como dono de uma rede de cinco escolas. Disse que estavam virando franquia e que gostaria de nos contratar para fazermos as vendas. Pronto, a oportunidade havia chegado, fui ao meu emprego, pedi minha demissão e decidimos que, se não fosse para nos dedicar 100% ao negócio, deveríamos fechá-lo. Era hora do tudo ou nada. Fomos para Itaquaquecetuba, e eu estava em um momento de extrema confiança. Durante a prévia do trabalho, em vez de fiscalizar a equipe de panfletagem, deleguei a um rapaz que eu acreditava ser de confiança e fui a uma loja de rodas, trocar as rodas e os pneus do Daewoo, pois eles já estavam totalmente no arame. Fiz o pagamento com cheque para 30 dias, afinal teríamos uma mina de comissões. No dia do atendimento, diferentemente de todas as outras vezes, não havia uma pessoa sequer aguardando do lado de fora. Sentimos um calafrio. Ao longo do dia fizemos 13 matrículas, algo totalmente diferente do que tínhamos planejado, já que não imaginamos em momento algum um resultado daquele. O cálculo era simples: se em Taubaté entregávamos 5 mil convites e fazíamos em média 50 vendas, em Itaquaquecetuba foram entregues 40 mil convites, portanto poderíamos chegar a 400 vendas. Imaginem a frustração do contratante, mas, como de praxe, ele, educadamente, veio fazer o acerto de comissões das 13 vendas. Convidamos o contratante João para ir até uma padaria, pedimos à atendente que trouxesse três cafés pingados com três pães na chapa. E, na hora de sair da padaria, pedimos desculpas pelo trabalho, não aceitamos receber as comissões e ainda pagamos o café.

Posteriormente, descobrimos que o trabalho havia dado errado porque os convites não foram entregues, mas sim jogados no lixo. Talvez não fosse para dar certo. Não podemos tirar conclusões das coisas no momento em que elas acontecem. Às vezes, o tempo lhe mostra que essa foi a melhor opção. Lembra-se daquelas interferências que mencionei? Esse foi outro caso. Dessa postura diferente na hora do acerto das comissões, surgiu uma amizade, e João voltou a nos visitar. Em uma dessas visitas, explicávamos a ele que nossa escola vivia uma intensa luta por credibilidade, ainda existia o fantasma da possibilidade de fechamento da escola a qualquer momento e, para piorar o cenário, isso já havia acontecido com outras cinco escolas na cidade. Ele disse: "Vocês precisam investir em computadores novos, nenhum negócio com boa aparência e fazendo expansão cogita-se fechar". Desapontado com suas palavras, respondi que não tínhamos dinheiro nem limite de crédito para fazer essa compra, queríamos uma solução que estivesse ao nosso alcance. E ele retrucou: "Se eu for o avalista, vocês pagam?". Sem perder um segundo sequer, respondi que sim.

Radiantes, mas ainda atordoados com a oportunidade, tratamos de sair cedo para Itaquaquecetuba em busca de 12 computadores novos. Sabíamos que aquilo seria um divisor de águas. A ansiedade era grande. Enquanto passávamos o dia em Itaquaquecetuba aprendendo sobre técnicas de gestão de escolas, um cunhado do João havia ido até São Caetano do Sul buscar os computadores. Eu não conseguia prestar atenção em nada, meu pensamento estava voando em um mundo de imaginação, vislumbrando a real possibilidade de emplacar essa escola. Chegaram. Imediatamente, entramos no carro e viemos com computadores até o teto. Ainda hoje, com João, lembramo-nos da cena: meus olhos derramavam lágrimas na hora em que vi os computadores, não pela compra, mas por saber que tudo seria diferente.

Nesse momento, eliminamos todas as nossas dúvidas, não havia mais volta. O negócio tinha de dar certo!

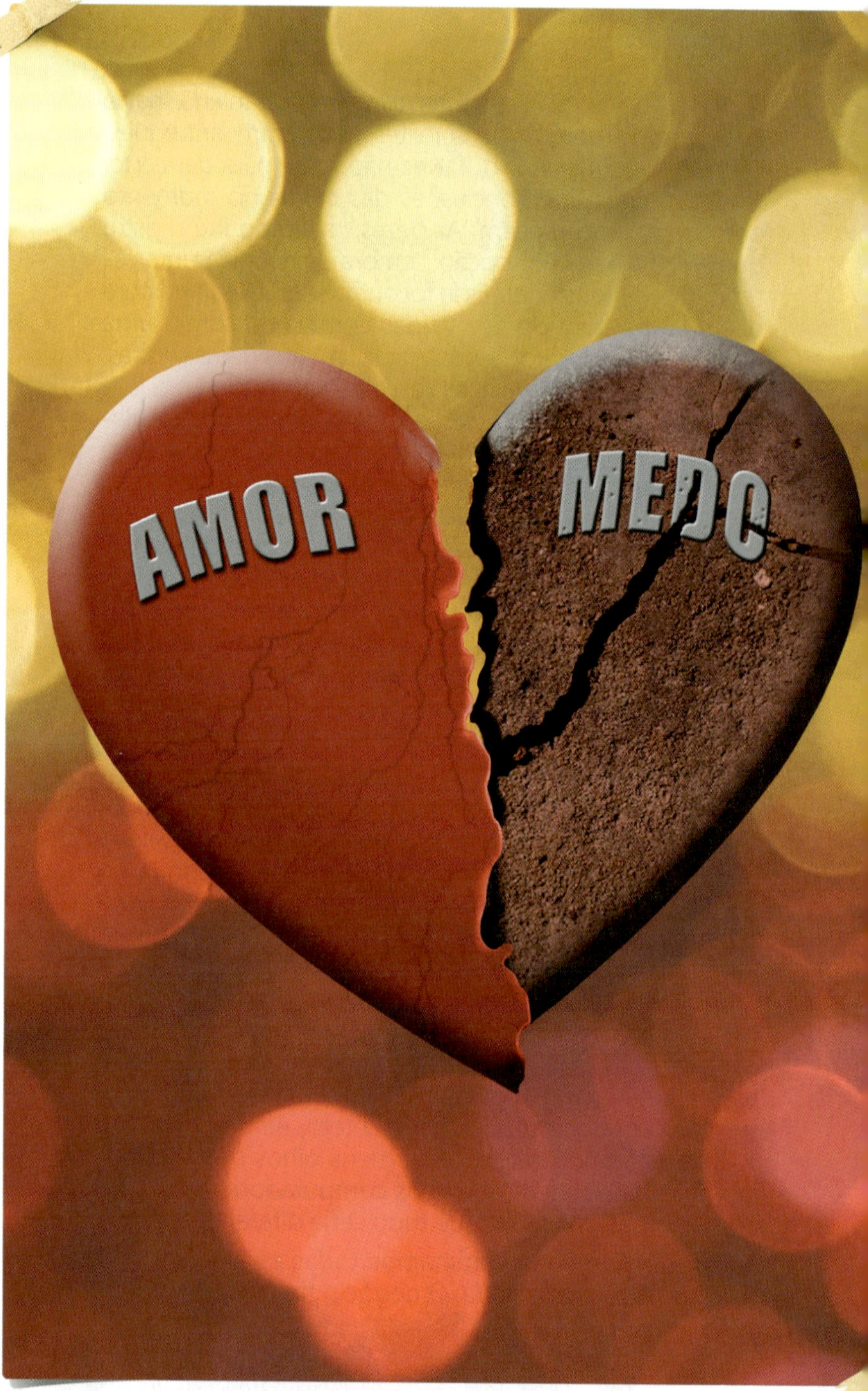
AMOR
MEDO

14
A PRIMEIRA TENTATIVA DE PERTENCER A UMA REDE

As visitas do João tornaram-se cada vez mais frequentes, até que um dia ele fez a proposta: "Estou montando uma franquia e gostaria de convidar vocês a fazerem parte dela". Estávamos muito lisonjeados, queríamos de qualquer forma fazer parte de um grupo. Começamos o trabalho de conhecer os futuros parceiros e fomos visitando um a um dos integrantes: Osasco, Cotia, Ferraz de Vasconcelos, São Bernardo do Campo, etc. E sempre encontrávamos a mesma coisa, escolas bonitas, cheias e donos com cara de empresários prósperos. E como precisávamos disso naquele momento! Uma cena marcante foi na unidade de Cotia, onde o franqueado Fabricio Zerial nos levou a um rodízio de carne de carro automático e pagou a conta. Alexandre não se conteve e perguntou: "O que mais você faz além de gerenciar escolas?". Ele respondeu que nada, tudo que tinha vinha da escola. E ainda acrescentou que antes morava com seu irmão Danilo nos fundo da escola. Pronto, estávamos decididos, seríamos um franqueado Quality Training. Mas o destino novamente interveio, e, por uma decisão interna deles, resolveram abandonar o projeto de franquias. Foi um duro golpe em nossos planos, mas já tínhamos visto algo que mudaria para sempre o nosso destino, pessoas que não eram "super-humanos" e ganhavam dinheiro com isso. Lembra-se de que nas primeiras páginas eu mencionei quanto é importante você, além dos ídolos, que normalmente são ícones do empreendedorismo, possuir referenciais de pessoas que você acredita poder alcançar?

Isso era suficiente para começarmos a sonhar com um futuro melhor, e fomos lapidando meus delírios de crescimento exponencial com a praticidade cética do Alexandre e, juntos, comungando o amor ao mesmo projeto, com visões tão diferentes, fomos criando um modelo de negócio que em poucos anos seria considerado um dos melhores do país no ramo de atuação.

De todos aqueles ensinamentos que aprendemos durante o mês em que flertamos com a franquia da Quality, um dos ensinamentos que mais marcou era o que mencionava a necessidade imediata de formar uma equipe comercial, de modo que parássemos de atender e conseguíssemos ganhar escala. Começava ali um dos grandes diferenciais do nosso projeto. Era uma decisão difícil, nosso índice de aproveitamento era muito alto, e não poderíamos nos dar ao luxo de, além de pagar comissões que até então não pagávamos, perder clientes.

15
A PRIMEIRA EQUIPE DE VENDAS

Lembra-se do emprego que eu tive por alguns meses como gerente comercial no vizinho? Então, lá eu tinha uma vendedora com muito potencial que foi chamada para seguir carreira na Aeronáutica e, para não me deixar na mão, indicou o seu irmão para o cargo dela.

Durante a entrevista, fiquei muito frustrado, precisava trocar aquela menina estudiosa e promissora por um rapaz que era cabeludo (despenteado), malvestido, menor de idade, sem experiência e sem carro. Era nítido que se tratava apenas de um menino. Missão impossível! Pensei na hora. Ali eu estava tendo o primeiro contato com um dos maiores cases de sucesso do Grupo VA. Trata-se do Leandro Assis Manoel, o *"Batman"*. No futuro, *Batman* se tornaria nosso homem de confiança e um dos meus melhores amigos fora do trabalho. Eu também precisaria de alguns capítulos para falar sobre a história desse rapaz, mas vou encaixando essa pessoa tão especial ao longo dos casos.

Inicialmente, eu acreditava que ninguém seria capaz de fazer uma rota de vendas de bicicleta ou a pé, mas um belo dia *Batman* saiu com o material de vendas da empresa que trabalhávamos, e eu estava completamente convicto de que em algum lugar no caminho ele jogaria o material fora, por isso passei para ele a rota mais longa possível e resolvi segui-lo. E de repente lá estava o jovem *Batman*, suado como um atleta de maratona, no último bairro da cidade, tentando vender seus produtos, cumpriu a sua missão.

No dia em que resolvi largar o emprego para voltar a me dedicar 100% à escola, Alexandre solicitou que eu convencesse *Batman* a vir comigo. Assim o fiz, e ele se tornou nosso primeiro vendedor. Com outros dois personagens singulares, formaram a nossa primeira equipe de vendas. *Batman* era jovem e louco, vestia-se de preto, com sobretudo até os pés mesmo em dias quentes, usava cabelos grandes na altura dos ombros, luvas e outros acessórios que o faziam um personagem macabro. A outra vendedora, apelidada de *Pit Bull*, tinha um bom talento para as vendas, mas sua inteligência emocional a sabotava, por vezes precisei intervir ou chutá-la por baixo da mesa para que abrandasse seu atendimento aos clientes, tinha problemas nas relações pessoais, e isso atrapalhava o seu trabalho. E o terceiro era viciado em mentir, ele confundia realidade com ficção, durante o dia fazia matrículas e à noite se apresentava como dançarino. Por vezes, ficávamos sem saber se o que ele falava era realidade ou ficção. Esse era o time! Não tínhamos escolha, era preciso começar uma equipe. Após alguns meses, percebemos que, por mais que os treinássemos ou cobrássemos resultados, a limitação técnica da equipe jamais permitiria alçar voos mais longos.

16
A EXPANSÃO DAS UNIDADES PRÓPRIAS

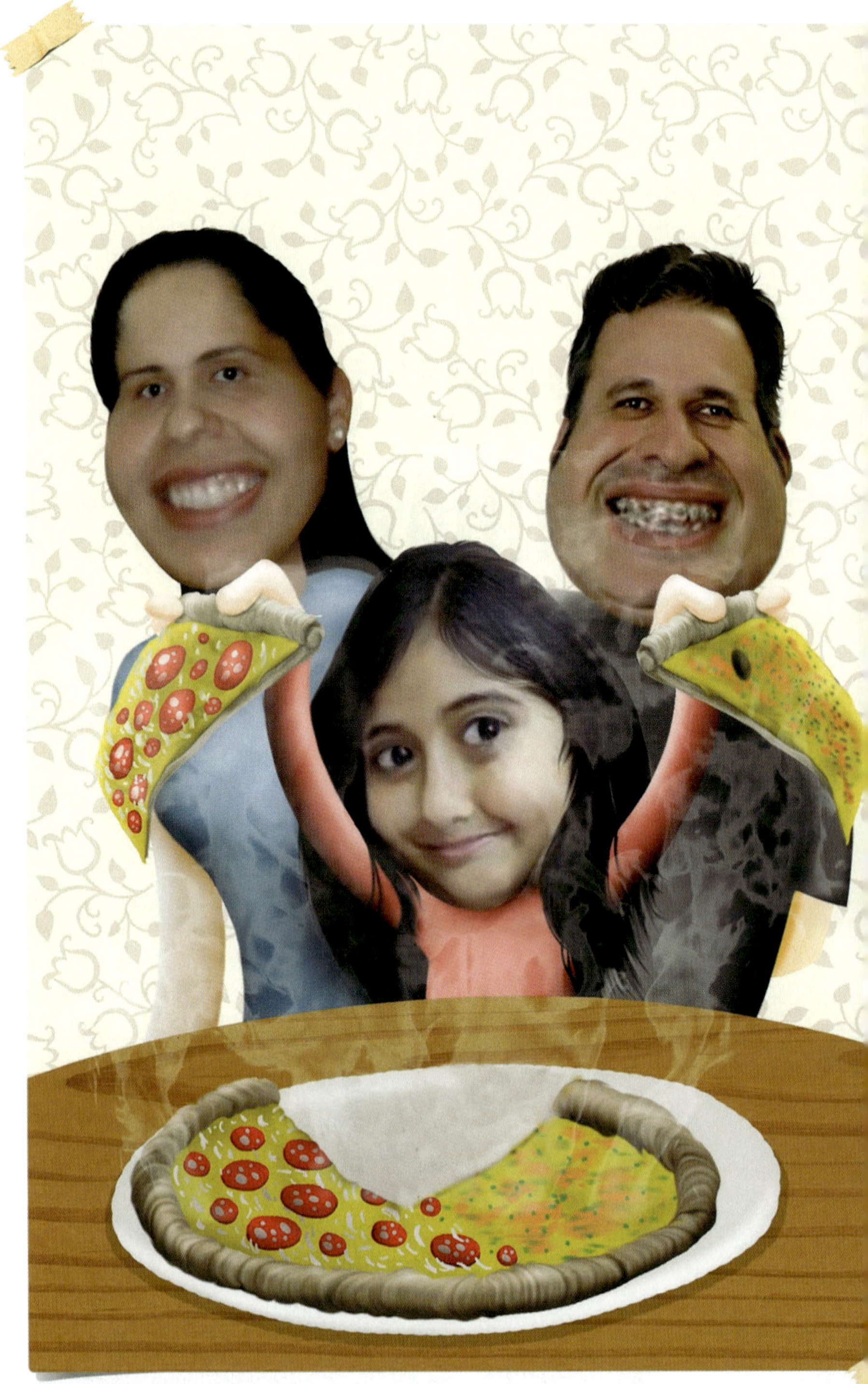

Sempre fui uma pessoa que não me preocupava em guardar dinheiro, até que comecei a namorar a Hariana. Antes de nos casar, eu nunca entendia como uma menina que ganhava tão pouco e ainda tinha uma filha para criar sozinha conseguia guardar dinheiro. Até que, assim que nos casamos, percebi logo de cara que o segredo de sua eficiente gestão financeira estava na abdicação. Eu me apaixonei ainda mais! Eu queria guardar dinheiro! Nessa época, nossa renda familiar total era de R$ 1.600,00, pagávamos R$ 500,00 de aluguel, e o que sobrava usávamos para manter Isabela, Hariana, eu e o Daewoo, que andava quebrando sem parar.

Implantamos, de comum acordo, em nossa casa um programa de contenção de gastos, o qual chamamos de fome zero, uma alusão ao programa governamental que passava o dia inteiro em comerciais de televisão e tinha como alicerce erradicar a fome gastando pouco. Nada mais era do que a aplicação dos princípios da Hariana, não gastar um único centavo no que não fossem extremamente necessário. Para se ter ideia de como levamos isso a sério, marcávamos de comer uma pizza com quatro meses de antecedência e ficávamos imaginando quanto seria bom no dia em que o porteiro interfonasse anunciando a chegada do motoboy com a pizza com sabores também já previamente definidos, meia napolitana e meia portuguesa. Certo dia, Hariana e Isabela voltando da escola, vinham conversando enquanto caminhavam por cerca de 1 quilômetro até em casa. De repente, ao olhar para o chão, Isabela achou uma nota de R$ 20,00 e não havia ninguém na rua, a nota seria dela! Ao chegar em casa, aquela menina de 7 anos de idade, exalando felicidade, com ar de traquinagem, perguntou-me se poderíamos comer uma pizza. Eu sentei com ela e expliquei novamente nosso compromisso em guardar dinheiro, e ela com um sorriso maroto me disse: "E se eu pagar?". Ela não se aguentava de tanta felicidade, aquela menina de 7 anos estava radiante com a oportunidade de jantar uma deliciosa pizza. Após a chegada da pizza, sentamos, agradecemos e comemos cada pedaço, saboreando vagarosamente. No final, a garotinha, realizada por ter comido a pizza e triste por ter gastado o seu único dinheiro, exclamou: "Nós podemos até nunca mais comer pizza, mas eu nunca mais pago!". E nós três rimos sem parar da situação. O fato é que nosso plano para guardar dinheiro funcionou, e dez meses depois já tínhamos R$ 4.500,00.

Olhando pela janela do meu apartamento, no bloco da frente tinha um Fiat Uno com aparência judiada, mas que estava excelente para ser o primeiro carro da Hariana, ela ainda nem possuía a CNH, mas, mesmo assim, liguei no telefone e fiz uma proposta, o dono não aceitou, pois ele queria R$ 6.000,00. Mas ele falava o tempo todo que, quando o carro saísse da oficina, entraria em contato, e no meio da conversa eu indaguei: "Sou seu vizinho, moro no bloco da frente". Ele perguntou onde eu estava e onde era meu prédio, assim que respondi, subitamente aquele homem teve um ataque de fúria e desligou. Alguns minutos depois retornou a ligação e me explicou que o carro estava em uma oficina e o mecânico o estava usando para trabalhar como porteiro no meu prédio. Enfim, chegamos a um acordo, e ele aceitou meus R$ 4.500,00 mais R$ 500,00 em duas vezes.

Realizado, peguei o carro que seria o veículo da Hariana e fui para a frente da Futura Treinamentos, embelezá-lo para presenteá-la. Comprei calotas, cera de polir, capa de volante e outros pequenos acessórios que foram deixando o carro com um aspecto bem melhor. Nessa hora, João Ecredio e Ezequiel Praxedes, que estavam em Taubaté para ver o novo modelo de atendimento que estávamos testando, vieram até a unidade, onde me encontrariam, e eu os levaria até o Alexandre. Foi aí que o destino aprontou mais uma de suas surpresas. Eles me olharam e me ofereceram sete computadores novos em troca do Fiat Uno. Isso era sacanagem, se houvessem oferecido dinheiro, talvez eu negasse, mas computadores não dava para negar. Ainda meio aturdido com a venda, meio sem jeito de contar para a Hariana que havia vendido o carro dela, liguei para o Alexandre e contei a novidade, esperando ouvir o que ele queria fazer. Imediatamente, eufórico e imbuído de uma coragem que sempre o acompanhara, ele sugeriu que abríssemos outra escola. Senti medo, mas no dia seguinte começamos a procurar um ponto comercial na cidade vizinha.

Na manhã seguinte, fomos procurar a igreja do distrito de Moreira César em Pindamonhangaba para ver se o padre nos cedia um espaço para instalarmos os computadores e aplicar cursos com valores subsidiados aos moradores locais. Não só negou a parceria, como nos aconselhou a não realizar cursos naquela localidade, pois, segundo o pároco, as pessoas de lá não pagavam para ter algo que a prefeitura oferecia de graça.

    Graças a Deus, nesse dia não seguimos as orientações do pároco e continuamos atrás do aluguel de um ponto comercial que coubesse em nosso orçamento. Achamos uma sala comercial que tinha aproximadamente 35 metros quadrados com uma divisão no meio e um banheiro. Perfeito! Só tínhamos sete computadores, um iria para a recepção e seis para a sala de aula. Essa relativa falta de espaço seria preenchida facilmente com o que tínhamos de computadores e móveis. Em poucos dias, fizemos as instalações e as adaptações mínimas, como a bancada e a rede. A escola ficou um brinco! Empregamos lá todas as nossas reservas e, como um ônibus espacial, não nos permitiríamos erros, pois colocaríamos tudo a perder. Fizemos uma divulgação e tanto, um barulho danado no distrito, como se estivesse chegando uma grande empresa, e marcamos um único dia de inscrições para a promoção de inauguração.

17
O GRANDE DIA

Chegado o grande dia, Alexandre veio de carona comigo, pois seu carro tinha fundido o motor na semana anterior. Deixou-me no Quiririm, bairro em que eu morava, e partiu para a casa dele no município de Caçapava com o meu carro Daewoo, para no dia seguinte me pegar em casa e começarmos uma nova fase em nossa vida. Mas quem falou que a vida é fácil? No dia seguinte, logo pela manhã tocou meu telefone enquanto eu me arrumava. Era o Alexandre com a voz trêmula perguntando se o carro tinha algum segredo. Eu sabia que ele não iria pegar, ao menos duas vezes por mês ele estava morrendo, e só uma carga lenta na bateria resolveria o problema. Conversamos por alguns minutos e decidimos que ele iria dar um jeito de chegar a Moreira César e começar o atendimento. E eu iria cuidar de desenguiçar o carro para buscar a equipe no final do dia.

Alexandre saiu de casa de carona com o sogro, que o levou até Taubaté; chegando à cidade, ele pegaria uma carona com a mãe do *Batman*, que os levaria até lá em um Chevette, que estava dando pinta de que enguiçaria também! Demoraram para chegar, mas chegaram e, quando estacionaram em frente à escola, já tinha uma fila de aproximadamente 60 pessoas para as inscrições. Estávamos feitos! Mas quem falou que a vida é fácil?

Assim que foi atender o primeiro cliente, Alexandre percebeu que havia esquecido a pasta de contratos dentro do Daewoo, e o pessoal da fila já estava sem paciência. No desespero, ele foi passando de pessoa em pessoa e recolhendo o CPF e o RG, isso evitaria que alguém fosse embora sem falar com ele. A solução seria um motoboy. Pedimos a um funcionário nosso que tinha moto que fizesse o serviço de entrega.

Às 10h40, os contratos, enfim, chegaram! E nesse dia, com todos os problemas, ainda fizemos 33 vendas. Número bem abaixo do esperado, porém suficiente para dar continuidade ao projeto. Exatamente um mês após a inauguração, estávamos com a unidade lotada e, sem querer, havíamos criado um modelo de negócio que nos acompanharia para sempre. Micronegócio com baixo custo e boa margem de lucros.

A expansão continuou, e menos de 60 dias após a segunda unidade, abrimos a terceira nos mesmos moldes – negócio pequeno, enxuto e com um capital que não nos permitiria erros. Mas o tempo virou, abrimos a terceira unidade em Tremembé, sem muito planejamento, abrimos uma semana antes do início das festividades locais, que duravam mais de 15 dias, com shows de artistas famosos que praticamente paravam a cidade.

Não conseguimos o êxito da primeira e logo tivemos de partir para o plano B. Demos bolsas de estudos para mais de 200 pessoas em cursos que tinham a duração média de um mês. Se a pessoa quisesse certificado, pagaria R$ 20,00 pela emissão, mas a grande sacada é que na hora da entrega do certificado apresentávamos um plano de qualificação acessível para que a pessoa pudesse dar continuidade aos estudos. Por meio da criatividade, emplacamos a terceira unidade e sem perder tempo fomos para a quarta. Era hora de Caçapava receber uma unidade da Futura Treinamentos.

18
REFORÇANDO
A EQUIPE

Precisávamos de um craque que pudesse dar ritmo aos novatos. Tempos atrás, um vendedor excepcional da equipe da Quality Training havia vindo a Taubaté aprender uma promoção que estávamos fazendo e que tinha excelentes resultados, o projeto era embasado em distribuição de prêmios aos alunos matriculados e viagens ao parque de diversões Hopi Hari. Um tremendo sucesso! Na época, só foi possível graças a uma autorização recebida da Secretaria Municipal de Educação, que autorizava a divulgação para os alunos. Só para não ocultarmos esse fato, tínhamos uma reunião com o secretário e já havíamos tomado pelo menos outras três negativas no último trimestre. Alexandre foi à igreja na véspera da reunião pedindo uma ajuda e, como num aviso, naquela manhã de segunda-feira o secretário entregou-lhe a carta que teve papel decisivo em nossa empresa, era um dos momentos mais decisivos!

Quando Josevaldo Redovick veio fazer o treinamento, ficamos encantados com seu talento para vendas e com sua história de vida. Era um jovem de família humilde, tinha se tornado pai de gêmeos durante a adolescência. Diferentemente do que a maioria dos pais nessa idade faz, Josevaldo assumiu a responsabilidade de sustentar e educar aquelas crianças e a namorada, também adolescente. Havia começado a trabalhar com corretagem, mas não possuía salário fixo nem ajuda de custo, e os bebês não poderiam esperar!

Para garantir o sustento da nova família, o jovem saía do emprego às 18 horas e ia direto para o metrô vender balas de um lado a outro, até que conseguisse levantar o dinheiro necessário para comprar o leite especial que seus filhos alérgicos precisavam tomar. Ao ouvir essa história, fiquei sensibilizado e tornei-me fã daquele rapaz, então, convidei-o para dormir na minha casa durante o período em que ficou aqui em treinamento, e a amizade começou.

Não era fácil arrumar um craque para a equipe. Liguei para o João e perguntei se ele podia me emprestar o Josevaldo por um mês para que, enfim, pudéssemos dar ritmo a nossa equipe. João deu a notícia que até bambearam minhas pernas, Josevaldo havia sido desligado no dia anterior da empresa, não fazia mais parte da equipe dele.

Com a cabeça repleta de ideias diante da oportunidade, mantive a minha ética e perguntei se ele se chatearia caso eu o contratasse, ele disse que não. Mas não facilitou, disse que não tinha mais o contato dele. Desliguei o telefone e liguei na escola em que o Josevaldo trabalhava, me apresentei como um amigo do interior e consegui o telefone. Liguei para ele e logo percebi que ele não era mais o mesmo, estava disposto a abandonar as vendas e se dedicar a pintar paredes. Seria trágico que alguém com um talento daquele abandonasse o ramo. Oferecemos o dinheiro da passagem de ida e volta para Taubaté somente para vir fazer uma entrevista. Aqui mostramos a cidade, as escolas e os hospitais, falamos a ele de nossos planos e quanto seria bom para a família dele morar em uma cidade do interior pela boa qualidade de vida. Antes de aceitar, Josevaldo foi buscar a esposa Débora para conhecer a cidade e dar--lhe o aval necessário para aceitar a proposta. Alexandre, percebendo a oportunidade, planejou uma curta viagem e cedeu a casa dele para que a família Redovik pudesse pensar com carinho no assunto. Ele aceitou!

O início foi difícil, o rapaz criava caso com coisas pequenas e não conseguia enxergar nada além das contas do mês. Partimos atrás de uma casa para ele trazer a família e acalmar seu coração.

A primeira semana de trabalho foi muito intensa. Sem saber como nosso ritmo de trabalho era acelerado e também sem conseguir abandonar a ideia de pintar paredes, Josevaldo quis trabalhar durante o dia com vendas e à noite assumir a responsabilidade de pintar as unidades. Logo no primeiro dia, após uma vasta panfletagem sob um Sol escaldante, Josevaldo resolveu pintar a unidade de Moreira César que estava sem as cores padrão.

Na mesma madrugada, ele, que, no início, dormia na escola de Taubaté, ligou para mim durante a madrugada e falou apenas uma frase, sussurrando ao telefone: "Tem gente aqui, tem gente aqui". Liguei para a polícia e para o Alexandre, e chegamos praticamente juntos à escola. A polícia entrou e vasculhou o prédio, e nós fomos para a porta do banheiro convencer Josevaldo a abri-la. Depois de alguns minutos de conversa, enfim ele abriu. Com os olhos arregalados, a pele vermelha após tanto Sol e trajando uma bermuda azul, ele não parava de delirar, e na mesma hora o policial perguntou se ele usava drogas. Respondi imediatamente que não. Era o efeito da panfletagem!

Dessa forma, começou a carreira desse rapaz que entre tapas e beijos se tornaria um excelente franqueado com três unidades da premiada Evolute Cursos. E hoje goza de uma vida farta com sua família.

Uma das cenas mais marcantes dessa história foi o dia em que planejamos uma mega-ação comercial. Alugamos o salão do Rotary e divulgamos durante dez dias o evento. No dia das inscrições, muitas pessoas dormiram na fila para aproveitar os benefícios ofertados. Assim que viu aquela multidão, Josevaldo se apequenou e ficou irreconhecível, nem de longe lembrava aquele vendedor fora de série. Na primeira palestra, seu trabalho estava muito ruim, desconcentrado e sem inspiração, até hoje não descobrimos se foi causado pela multidão que o aguardava ou pela presença de seus antigos companheiros de trabalho, que foram aprender com ele as novas técnicas de vendas que geravam resultados esplêndidos.

O trabalho era simples, mostravam-se quais eram os cursos, os benefícios, as possibilidades de agregar valor ao currículo e as oportunidades no mercado local, no final apresentavam-se os preços dos cursos e encaminhavam-se os interessados para fazer as inscrições. Na primeira palestra, ele perdeu todas as vendas, e eu entrei em surto, pois, para variar, nós não podíamos errar! Josevaldo era o melhor, ele precisava ser despertado!

Entrei com ele em uma sala cuja única divisão com o salão principal era um biombo de material transparente e de maneira quase irracional, peguei uma vassoura e corri atrás dele dizendo que iria pegá-lo a vassourada, repeti inúmeras vezes que ele era melhor que isso e que tinha dois filhos e mulher para cuidar. Após essa breve sessão de terapia não muito ortodoxa, ele saiu com sangue nos olhos e passou a fazer um trabalho impecável, o que gerou um monte de vendas em um único dia!

Pronto, o objetivo havia sido alcançado, tínhamos um craque, e isso foi fundamental para a expansão das unidades próprias. Em pouco menos de um ano, já estávamos atuando em Taubaté, Pindamonhangaba, Tremembé, Caçapava, Jacareí, Guaratinguetá e Cruzeiro. E já ostentávamos o título simbólico de "A melhor do Vale". Enquanto crescíamos em ritmo acelerado, concorrentes fechavam uma unidade após a outra e a segunda rede com mais unidades no Vale tinha apenas quatro unidades.

Para compor a nossa equipe de vendas, viajei para Bananal e convenci meu primo e antigo sócio Francisco a vir trabalhar conosco. Ele, por sua vez, não teve vida fácil; dono de um talento ímpar, estava afundado em depressão e precisou de muita resiliência para conseguir triunfar. Para se ter ideia dos desafios encontrados, apesar de ser habilitado, tinha extrema dificuldade em dirigir e com o seu Ford Ka preto, cedido pela empresa, não perdoava uma só garagem por onde passava, sempre deixava sua marca em todas elas. No primeiro mês, ele ficou em minha casa, na sequência precisou arrumar um lugar para morar, porque minha esposa estava grávida, e precisaríamos do quarto. Encontrou um quarto nos fundos de uma casa que tinha um problema terrível: baratas!

Por diversas vezes Francisco acordava com inúmeras baratas transitando por seu corpo e até mesmo em seu rosto, por isso o chamávamos de "Chico das baratas", mas isso ainda não foi nada. Assim que começou a despontar no trabalho e incomodar a supremacia do Josevaldo nas vendas, sofreu um acidente. Foi pular o muro de sua casa em uma manhã de domingo e, sem prestar muita atenção no que estava fazendo, caiu com os dois calcanhares no chão e fraturou os dois na mesma hora. Francisco ficou 90 dias de cama.

Quando tentava retomar sua rotina, foi sair com um amigo e, para variar, fez uma barbeiragem, bateu o carro no meio-fio. Ele e o amigo tentaram pedir ajuda para quem passava, um carro parou, ele foi ao encontro dos rapazes, que desceram do carro. Tratava-se na verdade de um assalto com requintes de crueldade, que terminou com dois tiros no carro, algumas coronhadas e ameaças de morte. Após mais esse episódio traumático, transferimo-lo para São José dos Campos. Lá, os antigos fantasmas da depressão o assolaram novamente e outra vez o repatriamos a Taubaté. Após muitas idas e vindas e uma linda história de superação, Francisco hoje é gerente comercial da Evolute, padrinho de minha filha e, por méritos, terá um futuro brilhante no Grupo.

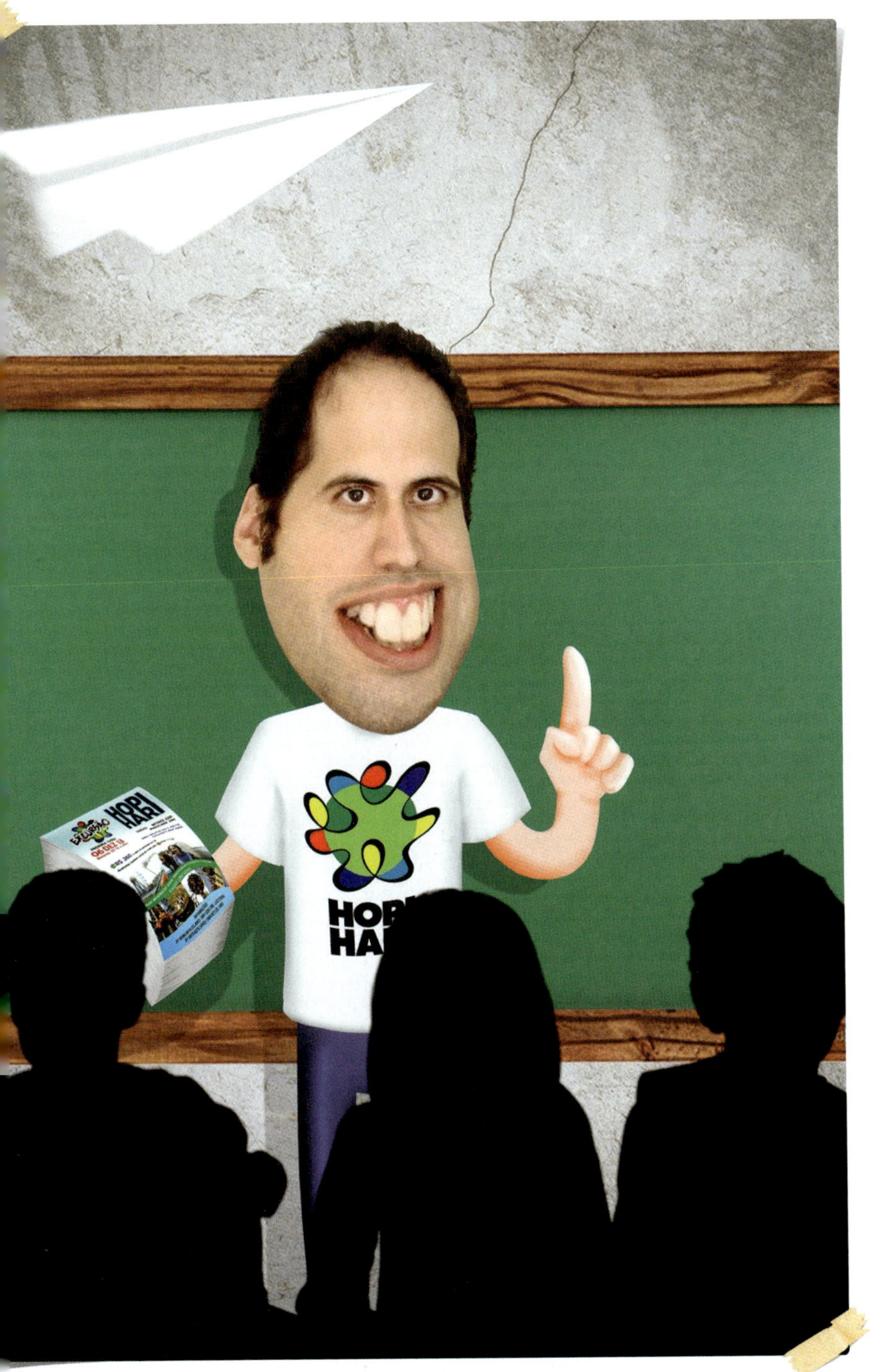
HOPI HARI

19
SORTE OU COMPETÊNCIA?

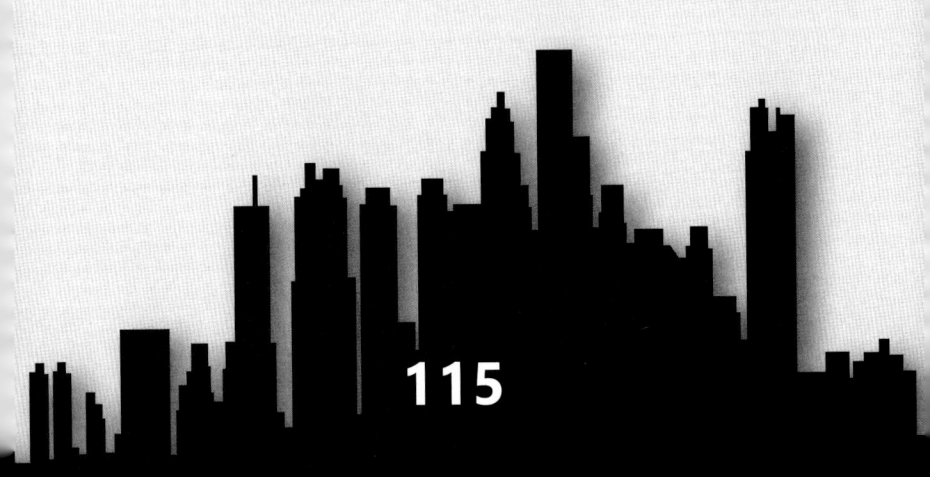

Sempre foi uma visão do Alexandre que precisaríamos investir em marketing pessoal para crescer. Ele dizia que, se tivéssemos um bom carro, passaríamos mais credibilidade e atrairíamos melhores parcerias. Apesar da expansão, não tínhamos liquidez, abdicávamos de ganhar dinheiro para investir no projeto, mas Alexandre era um homem de muita fé e comprou um consórcio de 72 meses para pagar. Assim que pagou a primeira parcela, o destino mais uma vez mandou uma mensagem de que iria mesmo contribuir com o projeto. Ele foi contemplado no primeiro sorteio dos 72. Era hora de achar o carro certo. Em uma quinta-feira de 2010 chegou um lindo C4 Pallas, na época o carro havia acabado de ser lançado, possuía uma tecnologia muito acima da média do mercado, e nosso marketing pessoal estava praticamente garantido. Já não passávamos despercebidos.

Compramos uma gráfica e, onde os concorrentes entregavam em média 10 mil convites, nós entregávamos 100 mil.

Criamos o portal Empregavale, que por anos figurou como principal portal de empregos do Vale, atraindo reportagens de televisão, rádio e mídias impressas.

Compramos um micro-ônibus estilo *motor home*, mas o adaptamos para *motor office* – no meio dele, havia um escritório com dois sofás, mesa de atendimento, TV, aparelho de DVD e ar-condicionado elétrico e, nos fundo, um som de trio elétrico. Coincidentemente o micro-ônibus enguiçava sempre em frente às escolas concorrentes. Nós encarávamos isso como um divertido jogo, a diversão se misturava com a seriedade, e todos formávamos uma equipe que lembrava um exército, às vezes uma seita e outras um hospício.

Tudo isso foi acontecendo, simultaneamente, com a prosperidade de nossos colaboradores. Pagávamos bem e ajudávamos as pessoas a alcançar seus objetivos, comprávamos carros, motos, celulares e qualquer outra coisa que fizesse os funcionários se engajar. Sem saber, criamos fama nacional, e pessoas de todos os lugares do Brasil passaram a nos procurar querendo fazer parte dessa empresa. Tentamos de todas as formas nos juntar a outras redes, viajamos a Taquaritinga, Salvador, Manaus, São Paulo, Cravinhos e diversos outros lugares. Sentíamo-nos despreparados e, ao mesmo tempo, acreditávamos que, se estivéssemos engajados em um bom projeto, poderíamos ir bem mais longe. Esse *benchmarking* trazia pessoas de outras redes até aqui, e recebíamos visitas constantemente.

Um dia descobri pela internet que um rapaz chamado Gilberto Sucesso, um ex-catador de latinhas que fez fortuna no mercado de ensino profissionalizante no Amazonas, estaria em São Paulo. Prontamente, liguei para alguns parceiros em comum e pedi seu telefone, me apresentei e perguntei se poderíamos levá-lo para jantar em São Paulo. Sem muitas perguntas, ele aceitou, e marcamos no dia seguinte no centro da capital paulista. Lá estávamos Alexandre, Gilberto Sucesso e eu, e, durante a noite, entre uma cerveja e outra e excelentes histórias que prendiam completamente nossa atenção, ele nos convidou a visitá-lo em Manaus. Mal sabia ele que na mesma noite o Alexandre compraria a passagem para alguns dias depois. Nós voltamos de São Paulo boquiabertos, o homem era rico, simpático e tinha uns chavões que nos faziam sonhar. Recordo-me de que na saída do restaurante ele segurou em nossas mãos e disse: "Vocês vão ter 10 mil alunos, meus guerreiros!". Não sabíamos se ele era louco ou visionário, hoje sei a resposta: temos atualmente 25 mil alunos. O homem era realmente um visionário!

Chegou o dia da viagem para Manaus, faltavam dois meses para a minha filha nascer, e confesso que fiz até oração para não ter problemas no avião. Embarcamos e, chegando ao Amazonas, conhecemos uma metrópole quente, com um povo simpático e tradições fortes. Fomos encontrar o anfitrião Gilberto Sucesso, que, sem fazer qualquer cerimônia, abriu as portas de sua empresa, e pudemos acompanhar diversas ações. Ficamos literalmente embasbacados, o homem era realmente rico, suas escolas eram lotadas, seu apartamento lindo e ainda nos levou para um passeio de lancha inesquecível no rio Negro, onde passamos o dia desfrutando as delícias culinárias do Amazonas.

Um fato que não posso deixar de mencionar foi a noite em que descemos para comer uma pizza em frente ao imponente Teatro Amazonas. E o Alexandre, que até hoje não disse se foi por cansaço ou loucura, resolveu descer de pijama pois, segundo ele, ninguém o conhecia. Assim que comemos o último pedaço, apreciávamos o som de uma dupla local, dois irmãos chamados Kely e Klinger, tocou meu celular e era o comendador Gilberto, que estava em frente ao nosso hotel para nos buscar para mais passeios por Manaus. Nessa hora, eu ri muito, Alexandre precisaria explicar a conhecidos o que fazia de pijama na rua. E, pasmem, assim que chegou ao carro exclamou: "Na minha terra é normal, todo mundo anda assim!". Eu não conseguia parar de rir!

Ao final da viagem, estávamos convictos, era esse o grupo a que iríamos nos juntar. Mas era preciso esperar que a visita fosse retribuída e que acertássemos os detalhes.

No dia que deixaríamos Manaus, descendo o elevador do hotel, tocou o telefone do Alexandre, era o gerente do banco, um jovem com boa aparência e rosto de intelectual, que para continuar "quebrando os nossos galhos no banco", sem piedade, nos vendia todos os produtos, já não tínhamos mais onde enfiar consórcios.

Aquela situação estava me incomodando muito, e eu esboçava uma vontade enorme de romper relações com o gerente Diego, até que Alexandre me falou uma frase que marcou a minha vida: "Ele é bom! Ele está fazendo o melhor para empresa na qual trabalha!". E imediatamente percebi que, em vez de rompermos as relações com o tal gerente, deveríamos estreitar e, quem sabe, virarmos parceiros. Mas falaremos desse importante personagem mais adiante.

20
O SUCESSO CHEGOU A TAUBATÉ

Dia 19 de agosto de 2011, Gilberto Sucesso e seu administrador desembarcaram em Taubaté. Esse dia foi uma loucura. Ao mesmo tempo que estava acontecendo a reunião mais importante de nossa trajetória profissional, minha mulher entrou em trabalho de parto, minha filha Maria iria nascer, e eu estava louco com tanta adrenalina. No meio da reunião de negócios, pedi licença e expliquei o que estava acontecendo, corri para o hospital e nas duas horas seguintes eu viveria as maiores emoções da minha vida. Eu não sei se consigo explicar o que é a sensação de ver uma filha nascer e de poder segurá-la ainda suja de placenta e ouvir aquele primeiro choro. Eu precisaria de umas cem páginas, então, como de praxe, voltarei aos negócios.

Após me recuperar das emoções do parto, voltei para a reunião e começava ali a descobrir que a nossa parceria não daria certo. O administrador do Grupo Sucesso estava irredutível. De maneira infundada, ele colocava empecilhos e obstáculos em todos os assuntos, e pouco a pouco a coisa ia ficando cada vez mais difícil. Depois de uma reunião que durou aproximadamente seis horas, julgou que não seria bom para o Grupo Sucesso e pôs fim às negociações.

E assim foi, fomos negados por uma rede de alto nível, primeiro por uma licenciadora de cursos do interior paulista, depois por uma rede do Nordeste e agora pelo Grupo Sucesso. Desistimos? Não, voltamos ao trabalho!

Mesmo sem conseguirmos alcançar nossos objetivos de fazer parte de um projeto maior e pertencer a uma rede, essas aproximações foram de grande valia para nós, porque, além de conviver com pessoas que admiramos, nasceram amizades maravilhosas que cultivamos até hoje.

21
O INÍCIO NO FRANCHISING

Em uma visita a um concorrente na cidade de Lorena, visando expandir a rede, mediante a compra de algumas escolas em cidades vizinhas, encontramos um antigo conhecido nosso chamado Claudio Santana, que negou a venda da unidade, mas disse que ouvira falar das coisas que estávamos fazendo e, de maneira bem espontânea, fez uma proposta para se juntar ao nosso grupo. Estranhamos muito porque, até alguns dias antes, os papéis eram o inverso, éramos nós que buscávamos um grupo para fazer parte. Como sabíamos quanto era frustrante uma negativa, após alguns dias de reflexões, aceitamos ele na rede. Sentamos em uma padaria e ali, de forma verbal e com alguns rabiscos em um rascunho, estabelecemos as regras.

O que foi tratado de forma amadora mostrou resultados. Em poucos meses, a escola do Claudio havia quintuplicado o seu faturamento, e isso sem a nossa intervenção, somente com orientações. Estávamos radiantes, parecia que acabávamos de descobrir o fogo. Que outra coisa no mundo poderia ser melhor? Você vender cursos que ajudavam a mudar a vida das pessoas, vender franquias que transformavam empreendedores em homens de sucessos e ainda ser remunerados por isso. Era hora de correr atrás de um novo modelo de negócios.

Dois anos antes, em uma das visitas promovidas pela Quality, conhecemos um dono de escola com muitos anos de experiência chamado Osnir Santa Rosa, um homem de expressão séria, mas de coração grande. Ele mantinha em sua escola um método de ensino de inglês diferente, aplicado em *PowerPoint*. O método era capaz de ensinar alunos em diferentes níveis de conhecimento no mesmo horário de aula, trabalhando o ensino de forma individualizada e eficiente.

Assim que vimos aquilo, ficamos interessados em criar um sistema interativo que pudesse ser licenciado. Após ajustar alguns detalhes, firmamos uma parceria que durou cinco anos e, em 2011, começamos a desenvolver o método que seria lançado em janeiro de 2012 e aumentaria ainda mais a nossa visibilidade.

Alguns anos antes de nos encontrarmos para trabalhar como sócios, especificamente em 2007, eu tinha ido fazer um trabalho em uma pequena rede de franquias em que o Alexandre trabalhava. Não durei muito naquele lugar porque as ideias não batiam. Alexandre havia convencido seu antigo patrão a transformar aquelas duas escolas em uma rede de franquias. Foi estudar, buscou consultores no mercado e franqueou com a promessa de que, se conseguisse, seria sócio. Como não aconteceu, Alexandre foi cuidar da própria vida!

Quando resolvemos encarar o mundo do franchising de maneira profissional, buscamos esse antigo consultor que o Alexandre havia contratado e lhe fizemos duas propostas. Na primeira, ele teria um salário fixo mais baixo e ganharia 30% do negócio; na segunda, seu salário seria um pouco melhor, mas ele não faria parte da sociedade. Imediatamente, o consultor, que não gostava de correr riscos, optou pela segunda. A reunião foi uma loucura, parecia coisa da máfia; o carro dele precisou ser escondido em um shopping, e fomos fazer a reunião de fechamento na cidade vizinha. Fechamos!

A expansão por franchising estava prestes a começar. Na mesma época, resolvemos lançar um novo modelo de negócios, uma escola só de inglês interativo, a Pop Idiomas Interativos, a primeira franquia de idiomas interativos do país. Era perfeito. Uma novidade que na nossa visão sacudiria o mercado. Diferentemente das nossas outras inaugurações, nas quais começávamos simples e depois expandíamos, a Pop nasceu bonita, em ponto bacana, *drywall*, TVs LCD, com videogames de última geração na recepção, *lan house* para alunos, móveis planejados e até uma imponente festa de inauguração. Fizemos tudo diferente, e o resultado foi uma catástrofe. Nossas inaugurações eram feitas com matrículas, mas dessa vez, no dia seguinte, não havia um aluno sequer matriculado. As televisões e os videogames distribuídos pela recepção não atraíram alunos, mas ladrões. Em poucos meses, fomos assaltados e perdemos essas coisas. E, a pior de todas as coisas, não tínhamos o know-how só para o curso de inglês. Firmamos uma parceria com um concorrente local para dividir a prospecção de alunos, mas em pouco tempo percebemos que essa parceria não teria futuro e a desfizemos.

Havia outro consultor chamado Marcelo Ribeiro que formatava a Pop Idiomas, enquanto paralelamente fazíamos a formatação da Futura Treinamentos. Mas algo precisava ser superado. O nome Futura Treinamentos não pegaria registro, e era preciso escolher um novo.

Confesso que fiquei arrasado, por vezes pensei em tatuar o nome Futura Treinamentos em meu corpo, pois eu o adorava! Em uma noite de extrema inspiração, o Alexandre apareceu com o nome Evolute Cursos.

Enquanto isso, nossa aventura no inglês se dividia em duas frentes: o *I Go English*, licenciamento do curso para concorrentes que continuariam usando suas próprias marcas e processos, e a Pop Idiomas, escola criada para ser franquia, que em seis meses depois de aberta contava com apenas 80 alunos, algo que no mundo profissionalizante era considerado extremamente baixo. Mesmo não sendo o fenômeno de vendas que imaginávamos inicialmente, a Pop Idiomas criou uma tendência, e, pouco tempo depois, diversas outras redes lançariam cursos similares, algo que já existia no mercado, mas não era notado.

Foi em uma tarde chuvosa do início de 2012 que decidimos abortar o projeto Pop Idiomas e formatar um modelo de negócios que possuísse no mesmo prédio uma Evolute Cursos e uma Pop Idiomas, modelo de extremo sucesso que rapidamente começou a se espalhar por todo o Brasil e que utilizamos até hoje!

A expansão funcionava como uma linha de produção: o consultor atraía, eu vendia e o Alexandre entregava. Formávamos um time fantástico. Para convencer os interessados de que nossa rede era a melhor opção, não medíamos esforços, viajávamos por todos os cantos do Brasil, auxiliávamos na escolha de pontos, fazíamos as inaugurações das unidades franqueadas com envio de um vendedor da franqueadora e não nos importávamos com reuniões intermináveis, destaque para a reunião do franqueado Eduardo, que hoje possui três unidades, que durou 12 horas, e para a do franqueado Marcos, que havia pesquisado outras redes e comparava item a item.

Um dos franqueados que nos ajudou muito se chama Ricardo, ex-executivo de uma multinacional, o rapaz era extremamente exigente, e nem sempre tínhamos processos bem definidos, mas, por causa de suas insistentes cobranças, fomos aprimorando rapidamente o negócio.

Em alguns meses o sistema inovador de ensino de inglês nos levou a uma importante participação no programa de televisão A grande ideia, do SBT. A reportagem foi gravada na escola do Ricardo e foi de grande valia para a jovem rede de franquias.

Um ensinamento que sempre é lembrado em cursos do segmento é não vender franquias para amigos nem parentes. Desde o início ignoramos totalmente essa regra. Sempre acreditamos tanto em nossos negócios e no seu poder de transformar vidas que facilitamos a entrada de parentes e amigos nossos. Desejávamos que eles tivessem o mesmo sucesso que alcançamos.

22
APRENDENDO A LIDAR COM OS OBSTÁCULOS

Mal começou a expansão nacional da rede, e os problemas apareciam por todos os lados. Um assunto que nos assombrava era o fato de franqueados questionarem nossos métodos, que não funcionavam em outros estados. O papo era sempre o mesmo: "Em São Paulo é diferente!".

Cansados dessa conversa, Alexandre e eu decidimos expandir nossa rede de unidades próprias para outros estados e, assim, pôr fim a essa desconfiança. Pegamos um avião com destino a Cuiabá, porque na cidade eu tinha um amigo de infância chamado Alex, e também porque tínhamos simpatia por ela ser considerada a capital mais quente do país. O que poderia ser mais difícil e adverso?

Chegamos lá com tudo certo para alugar um ponto e começar o negócio. Chega a ser engraçado, mas, depois de tantos anos de sofrimentos, ainda não havíamos aprendido que nada em nosso caminho seria fácil, teríamos muitos contratempos. Não deu certo no primeiro, não podia fiador de outro estado no segundo, tomamos bolo do terceiro, e assim o dia foi passando. Já desanimados com as negativas e esgotados pelo calor que não imaginávamos ser tão grande, andávamos de uma avenida para outra a pé, com os termômetros marcando temperaturas de 48 °C, até que, em um ponto comercial bem localizado, encontramos um cuiabano que se chamava Luís. Em poucos minutos de conversa, ele já nos avisou que o ponto seria nosso e poderíamos preparar a papelada.

Retornamos a Taubaté, tomamos algumas providências remotamente e partimos para Cuiabá, mas agora de carro. Aquela traumática viagem seria a primeira de muitas outras em que cruzaríamos o Brasil de norte a sul pelas estradas.

Partimos de Taubaté às 4 horas da manhã, Alexandre, Francisco e eu. *Batman* já estava lá cuidando da obra. Marcamos de dormir em uma cidade no interior de Goiás, mas, como chegamos lá por volta das 16 horas, resolvemos de comum acordo seguir viagem. Alguns quilômetros à frente, Alexandre dirigindo o meu Azera, já estava muito tempo atrás de uma carreta bitrem, e eu, depois de 14 horas de viagem, estava sem paciência e pedi a ele empenho para ultrapassar.

Ele colocou o carro de lado, mas estava cansado da viagem, confuso por causa da visão atrapalhada pelo horário, era fim de tarde, naquela hora que não é nem dia nem noite, e não se enxerga bem nem com farol nem sem farol e, ainda confuso por umas marcas de lama que estampavam o asfalto originárias de uma saída da plantação de soja, Alexandre subitamente virou o carro e deparou com a plantação de soja; por instinto, voltou para a pista, e pude ouvir o som da buzina do bitrem dentro do meu ouvido. Foi uma sensação horrível! Um pânico se instalou nos passageiros, e o motorista da vez já não queria mais falar. E assim o fez, dirigiu até Rondonópolis, cerca de 250 quilômetros, sem falar uma única palavra.

Paramos para jantar por volta das 20 horas em Rondonópolis e esperávamos que a chuva passasse. Mas não houve jeito, fomos para a estrada e enfrentamos mais seis horas de viagem até Cuiabá debaixo de chuva, mais os buracos; e a cada bitrem que vinha na direção contrária, nosso carro tremia e nosso coração também. O pior ainda estava por vir. Após 24 horas de viagem, finalmente chegamos. *Batman* havia ficado responsável por arrumar um local na escola para dormirmos, mas, cansados, encontramos um lugar imundo, com resto de cimento pelo chão, papel higiênico sujo no chão do banheiro, e, para piorar, assim que a chuva de vento bateu espalhou aquela imundície por todo o corredor. Não teve como não associar aos meus antigos banheiros. O final da viagem não poderia ser pior. Após 24 horas de estradas estressantes e perigosas, encarar uma noite dessas. Mas sobrevivemos!

Até chegar a 80 unidades, raramente nos hospedávamos em hotéis em nossas viagens de negócios; economizávamos ao máximo, e isso incluía dormir nas escolas e comer pratos feitos por todo o país.

Mesmo com todas as dificuldades, a escola foi um sucesso, e estava provado, nosso método funcionava em qualquer lugar do Brasil, só havia uma coisa em que não havíamos pensado. Passada a inauguração, como seria feita a gestão de uma unidade a quase 2 mil quilômetros de distância de onde residíamos?

Apanhamos muito no início, até que resolvemos transferir *Batman* para lá durante alguns meses, enquanto treinaríamos uma equipe de confiança. Depois de alguns tropeços com a formação da equipe, contratamos um cuiabano metido a violeiro chamado Heltón, que, após alguns meses de bom trabalho à frente das unidades, mudou-se para Taubaté e hoje possui duas unidades franqueadas, além de outras parcerias que desenvolvemos.

SÃO FRANCISCO - SÃO LUÍS - MA
EVOLUTE
CURSOS PROFISSIONALIZANTES
www.evolutecursos.com.br | (98) 3227-3738
www.popidiomas.com
IGEO
EVOLUTE
CURSOS PROFISSIONALIZANTES
(69) 3224-4612
EVOLUTE
CURSOS PROFISSIONALIZANTES
3322-8439
EVOLUTE
EVOLUTE
CURSOS PROFISSIONALIZANTES
WWW.EVOLUTECURSOS.COM.BR
POP IDIOMAS
EVOLUTE
CURSOS PROFISSIONALIZANTES
SÃO CARLOS - SP
EVOLUTE
CURSOS PROFISSIONALIZANTES
(16) 3415-7462 / WWW.EVOLUTECURSOS.COM.BR
WWW.POPIDIOMAS.COM

23
PIMENTA NOS OLHOS DOS OUTROS É REFRESCO

O consultor de expansão tinha a ideia deturpada de que, se fechasse uma única unidade, acabaria tudo, seria o fim, e ninguém mais compraria. Mas também não éramos criteriosos na escolha dos franqueados, o que nos deixou com um grande problema. A cada vez que algum franqueado desistia do negócio, nosso consultor nos persuadia nas entrelinhas a comprar a unidade e incorporar uma operação própria.

Para não me aprofundar no assunto, eu separei dois casos que foram muito marcantes e que, coincidentemente, envolviam dois franqueados que participaram do mesmo treinamento em nossa sede. Os primeiros foram dois amigos de São Luís, Maranhão, que entraram no negócio em sociedade, e no primeiro mês um se desentendeu com o outro e não quiseram mais o negócio. Voei para o Maranhão com *Batman*, e compramos a unidade. Ao me sentar com o ex-franqueado para ouvir peculiaridades da equipe, localidade, etc., ele me alertou que não entrasse no bairro que ficava atrás da escola. Mas eu jamais faria isso, cresci vendendo cursos em periferias por todo o Brasil, anulei aquela indicação e parti para o temido bairro. Na hora do almoço, sentamos no chão e trinchamos um frango assado com farofa e bebemos guaraná Jesus.

Na manhã seguinte, *Batman* foi à banca de jornal e voltou com um jornal local que estampava na capa nove mortes no bairro durante a noite. Aprendi, naquele momento, a respeitar as orientações locais.

O segundo caso foi o do franqueado de Palmas, que veio para o treinamento e, após estar com seu plano de negócios nas mãos, foi dar uma esticadinha no sul e acabou gastando o dinheiro da abertura da franquia em turismo. Ao retornar à capital tocantinense, começou a montagem da escola e, antes mesmo de ela ficar pronta, nos pediu que mandássemos o consultor de inauguração. Temos um serviço opcional que permite ao franqueado levar um consultor experiente para iniciar seu comercial *in loco*. Mandamos o Francisco, que, lá chegando, percebeu que algo não estava bem, o rapaz não tinha dinheiro para nada, recebia várias ligações de cobrança e, o pior, passava o dia tentando dar pequenos golpes na franqueadora. Após uma semana, os dois discutiram porque o consultor estava tendo de arcar com todas as despesas da escola, incluindo vale-transporte de funcionários e almoços do franqueado. Algo realmente estava errado.

Impedimos que a escola fosse inaugurada sem apresentação de comprovante financeiro e trouxemos o consultor de volta. Um mês depois, o franqueado quis vender a escola, e, mais uma vez, o consultor de expansão nos mostrou que, se fechasse uma escola que não tinha sequer aberto, seria péssimo para a marca. Eu voei para Palmas, após um belo chá de cadeira, em um calor de 40 °C, e negociei a compra da escola. Voltando a Taubaté, avisei Alexandre que iria para lá começar o negócio. Alertei-o de que o franqueado não cumpria as coisas que falava, que não era de confiança.

Em reunião, tínhamos decidido, previamente, que só pagaríamos a escola 30 dias após iniciar as atividades e depois de verificar possíveis problemas ocultos. Estávamos pressentindo alguma coisa errada. Mas o cidadão era persuasivo e nos convenceu, em meio a uma cena digna de Oscar, de que era apenas uma vítima de alguém que não honrou a compra de um imóvel e que o dinheiro do referido imóvel é que seria usado para a abertura da franquia. No dia seguinte, sensibilizado com aquela história triste, Alexandre me pediu que fizesse o pagamento da escola. Ali começava a sua "epopeia tocantinense".

Começaram a chegar os credores, os móveis, os computadores e até as divisórias, tudo havia sido financiado, mas tinha sido pago, ou seja, com uma habilidade incrível de ludibriar todos a sua volta, o cidadão foi aos credores e pediu a nota fiscal de tudo para liberar o dinheiro dos sócios investidores de São Paulo e nos apresentou a nota como comprovante de pagamentos, algo que foi contabilizado na formação do preço de venda do negócio. O último dos credores, o rapaz das divisórias, era uma espécie rude, com restrições linguísticas e pouca inclinação para o diálogo. Sem querer ouvir explicações do ocorrido, disse que, se não recebesse, cortaria o Alexandre na peixeira. Isso mesmo, ele disse que o esfaquearia! Muito nervoso, Alexandre me ligou aos gritos, pedindo que eu voasse para lá, porque ele tinha sido ameaçado de morte; eu estava sentado diante de outro interessado em franquias e não podia falar com ele naquele momento. A única coisa que eu falava era para ele resolver da forma que achasse melhor. Não deveria ter falado isso, pois ele estava muito nervoso e sentindo-se acuado.

Imediatamente, ele e o consultor Robson que o acompanhava partiram atrás do cidadão. Alexandre conseguiu o endereço desse ex-franqueado e foi até a porta de sua casa. O cidadão atendeu trajando uma camisa xadrez e cueca; Alexandre invadiu a casa e perguntou: "Cadê o meu dinheiro?". Ele, sorrindo com ar de esperteza, disse que havia gastado.

    Meu sócio, enfurecido, arrancou o cinto e sem pensar duas vezes partiu para cima dele, dizendo que não estava dormindo no chão e longe da família para ser enganado, que cortaria ele no cinto, porque era isso que ele merecia. Sem acreditar no que estava acontecendo e percebendo que Alexandre estava descontrolado, resolveu devolver o dinheiro. Foram até o banco, e ele efetuou a devolução do que havia sobrado do dinheiro. Usamos essa quantia para pagar os fornecedores e os prestadores de serviços, que, assim como nós, haviam sido enganados. Apesar desse início conturbado, a escola é um sucesso!

24
CHEGAMOS À PRIMEIRA META... ERA HORA DE DIVERSIFICAR

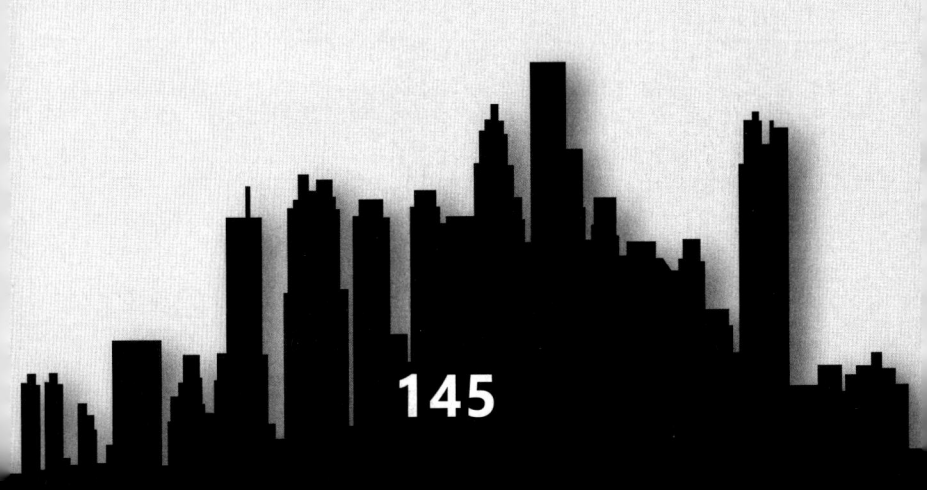

A Evolute Cursos e a Pop Idiomas já ultrapassavam as 80 unidades, e, conforme havíamos combinado durante o processo de formatação da rede, assim que atingíssemos 100 unidades espalhadas pelo Brasil, iniciaríamos um processo de diversificação, atendendo a novos segmentos e gerando oportunidades de engajamento aos empreendedores de outras áreas. Estudávamos o mercado de lubrificantes, no qual acreditávamos haver grande demanda, e sempre observávamos outros mercados, como tecnologia, alimentação e serviços.

Um dia, Alexandre viajou para Gramado com sua família durante o período de férias e, na volta, quase chegando a sua casa, notou que o carro, um Hyundai Santa Fé, apresentava um barulho que não era habitual. Mais alguns quilômetros, e o estrago estava feito: por não ter feito a lubrificação corretamente, formou-se uma borra que fundiu o motor.

Estava prestes a conhecer as consequências de não

fazer a manutenção do veículo adequadamente. Assim que chegou o orçamento do conserto do motor, levamos um susto! O mais barato ficou em R$ 32 000,00. Alexandre quase caiu para trás.

Onde as pessoas comuns enxergam problemas, empreendedores enxergam oportunidades, e bastou uma conversa com Bruno Betiati, seu primo que atuava há dez anos no segmento automotivo, para que o nosso antigo projeto, abrir lojas físicas para trocas de óleo e filtros, se transformasse na Doutor Lubrifica, soluções automotivas *delivery*. A rede nasceu focada em atender a pessoas que compartilhassem o mesmo problema do Alexandre, a falta de tempo, e ainda em proporcionar comodidade a frotistas e mulheres, que geralmente não gostam de frequentar oficinas, casas de óleo ou postos de combustível. Na mesma hora, me mandaram uma mensagem de que precisavam me encontrar urgente pela manhã, mas Alexandre não se conteve e já começou a contar o plano por telefone. Era uma notícia e tanto, daquelas capazes de me fazer perder o sono!

No dia seguinte, fizemos um brainstorming e começamos a fase de pesquisas para identificar a viabilidade do negócio; Pesquisamos sobre questões jurídicas, econômicas e comerciais. Era hora de iniciar a unidade piloto e começar uma nova fase no Grupo VA. Aliás, dias antes tínhamos decidido que, para administrar a gráfica, unidades próprias, franquias e licenciamentos, deveríamos formar um grupo, que, carinhosamente, foi chamado de Grupo VA, uma alusão as iniciais de seus fundadores: Vinicius e Alexandre.

Em poucos dias, negociamos a entrada do Bruno na sociedade do novo empreendimento e começamos a operar a unidade piloto. As coisas aconteciam muito rapidamente, e tudo passou a acontecer ao mesmo tempo, a Evolute ganhou selo de excelência em franchising, e começamos a ser sondados por grupos de investimentos – em um mês, três fundos diferentes fizeram propostas para incorporação e aquisição do nosso negócio.

DOUTOR
LUBRIFICA
SOLUÇÕES AUTOMOTIVAS DELIVERY
ContabExpress
EVOLUTE
CURSOS PROFISSIONALIZANTES
web4
COMUNICAÇÃO

25
CRESCE A REDE, MULTIPLICAM-SE OS DESAFIOS

O final de 2013 foi bem intenso. À medida que iniciávamos o projeto piloto da Doutor Lubrifica, contratamos a mesma agência de marketing que já nos atendia há alguns anos, a Web4br.

Motivado a entrar no projeto de franquias, seu ex-dono ficava dia e noite nos convencendo de quanto seu negócio era bom. Após nos sentarmos umas seis vezes para falar sobre o negócio e entender um pouco mais, fizemos uma proposta nos moldes da Doutor Lubrifica e iniciamos, simultaneamente, mais um projeto. O plano era perfeito, cada empresa com seu especialista, nós entravamos como investidores e seria sucesso garantido! Mas quem disse que a vida é fácil?

Nessa mesma época, enfrentamos nossa primeira crise, com unidades espalhadas por todo o Brasil, uma rede de franquias consolidada que exigia atenção constante, duas novas empresas iniciando projetos em que dependíamos de terceiros e um custo que não parava de crescer. Estávamos com uma ferida aberta que, se não fosse cicatrizada imediatamente, poderia nos matar!

Era hora de aprimorar nossos processos e melhorar nossa gestão. Mas como? Eu tinha características comerciais, mas já estava no limite. Alexandre, mergulhado em trabalho, sempre foi considerado um coringa, atuava em diversas áreas, mas não era um especialista em administração, sua área sempre foi o operacional. Nossos gerentes, coordenadores e supervisores estavam afundados em problemas nas suas rotinas.

Um dia, como de praxe, recebemos a ilustre visita de nossos amigos e fornecedores Mauro e Marcelo da Ipressnet, em meio a conversas recheadas de bons negócios e alegrias como sempre fizeram, nessa data em especial, Mauro, que é um homem culto, polido e educado, pediu licença e nos fez duras críticas administrativas. Aquilo doeu. E o que fizemos? Seria ali o final de nossa boa parceria? De forma alguma, encaramos aquelas críticas exatamente como elas foram feitas, um ato de amizade e respeito vindo de pessoas que só queriam nosso bem. Ampliamos nossa parceria de sucesso e chegamos a uma conclusão. Precisávamos ir ao mercado e contratar novamente um craque. Nesse momento, veio a nossa cabeça um antigo diálogo que aquele gerente prodígio do Bradesco teve com o Alexandre, em que havia dito que no dia em que nós chegássemos a 100 unidades ele iria trabalhar conosco! Nossa prosperidade era visível, e os antigos pedidos de aumento do limite no especial ou alguma pequena linha de crédito haviam se transformado em cartão BNDS ou conta salário para quase 200 funcionários. Após um breve telefonema do Alexandre, Diego veio até o Grupo VA e ouviu nossa proposta. Era nítido, ele havia gostado!

Dias depois, ligou, e fechamos detalhes de sua contratação: começaria em janeiro, na mesma época em que seria promovido se continuasse no banco. Estávamos muito felizes, sabíamos que essa contratação seria um divisor de águas e que representava o toque acadêmico que nos faltava, era a cereja do bolo!

Assim que começou a trabalhar, Diego percebeu que não teria uma vida fácil e, logo nos primeiros dias, sem que ninguém precisasse falar, percebeu que aquele tempo de banco no qual após o horário de expediente todos iam para casa estava acabado. O jovem jordanense da Vila Angú agora ocupava cargo de diretor em uma empresa em expansão e teria de trabalhar muito. E foi isso que ele fez! A calmaria durou pouco, logo apareceram novos desafios!

26
NOVOS CICLOS, NOVOS RESULTADOS

Acostumado a ser a única estrela do Grupo e resistente às mudanças de filosofia que eram propostas por Diego uma nova gestão, aquele antigo consultor de franquias já não apresentava vontade de continuar. Em meio a problemas pessoais e profissionais, ele solicitou uma reunião e pediu demissão. Confesso que por um momento fiquei preocupado, seria ali o fim de nossa expansão? Era a pergunta que não saía da minha cabeça. Nunca imaginei ficar sem o consultor que estava conosco desde o início, pois, além de nossa amizade, ele tinha benefícios maravilhosos. Pagávamos um salário fixo acima de mercado, casa e comissões, mas nada foi suficiente, ele queria alçar novos voos e assim o fez!

Passado o susto, Diego foi para a expansão e disse que poderia assumir aquele importante departamento. Fomos atrás de alguém para substituir o consultor, afinal não estava em nossos planos deixar Diego lá por muito tempo. Contratamos um rapaz sorridente e com excelente perfil, Luis Zemlenoi, que possuía experiência em outras duas redes de educação. Estávamos tranquilos!

Diego implantou novos procedimentos, e Luís era um "monstro" nas vendas. Também contratamos uma assessora chamada Júlia, que em pouco tempo seria promovida a vendedora. Ao longo do caminho, acrescentamos outros dois que não poderei deixar de mencionar, Magda e Rodrigo.

Em 2014, lançamos as novas marcas no franchising e tomamos um tremendo susto. A Doutor Lubrifica passou a ser procurada por todos os programas de televisão, rádio e mídias impressas e digitais, não tínhamos a real dimensão de que criamos um novo segmento de mercado. Interessados chegavam de todo o Brasil, e, mesmo travando a expansão, vendemos mais de 50 unidades da Doutor Lubrifica no primeiro ano e umas dez agências da Web4br.

Em poucos anos de existência, o Grupo VA, por intermédio de suas marcas, foi notícia espontânea mais de 400 vezes nas mais diversas mídias do país.

27
O ESTRESSE E SEUS EFEITOS DEVASTADORES

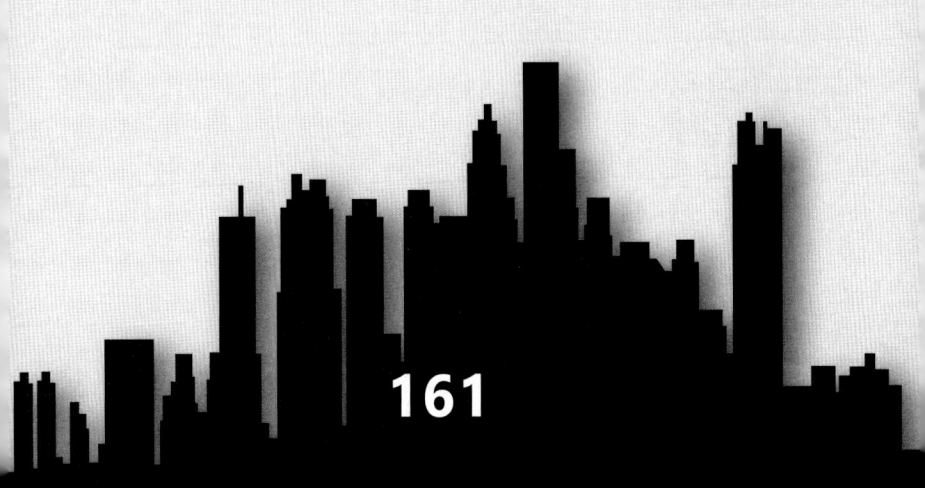

O que já era difícil piorou. Ao contrário do sucesso nos negócios, minha saúde física e mental andava de mal a pior. Eu estava pesando 137 quilos, 25 quilos a mais do que na inauguração da primeira unidade, sofria com pressão alta, refluxo, pré-diabetes e, o pior, ansiedade. Algo que beirava a uma síndrome do pânico. As reuniões eram quentes, tínhamos muitos sócios, muitos funcionários, muitos franqueados, muitos negócios, muitas entradas, muitas saídas e muitos problemas a ser resolvidos.

Ao longo dos últimos anos, provamos as reações físicas causadas pelo estresse. Por duas vezes Alexandre foi para o hospital com a certeza de que estava enfartando, e Diego foi uma vez. Sorte deles, porque as coisas que passei não desejo ao meu maior inimigo.

Demorei a perceber que estava doente, mesmo com todos a minha volta falando, desenvolvi uma espécie de bloqueio que não me permitia ouvir as pessoas. A única coisa que eu ouvia era a minha consciência, e ela estava errada. Com uma série de síndromes provocadas pela obesidade e pelo sedentarismo, comecei a ter sintomas que foram se agravando com o tempo.

Eu media minha pressão ao menos 15 vezes por dia, checava os batimentos cardíacos a cada 10 minutos e me afundava em paranoias de que iria morrer a qualquer momento. Mas não contava isso a ninguém e, inocentemente, acreditava que ninguém percebia. Comecei a não viajar mais sozinho e a não ter vida social, perdi diversos casamentos e festas. Algumas pessoas que não estavam convivendo comigo achavam que eu havia sumido, porque o sucesso havia subido a minha cabeça. Mal sabiam eles que eu estava à beira de um colapso.

Mesmo após muitas idas ao pronto-socorro e muitas abdicações, não aceitava que estava doente, muito menos compartilhava isso com outras pessoas. Lembro-me de que, nessa nova fase do Grupo VA, as reuniões eram cada vez mais cheias e quentes. Sempre estavam presentes na sala diretores, sócios, gerentes e advogados, eu vivia com medo de enfartar ou desmaiar. Por causa do meu comportamento estranho, logo todos perceberam que alguma coisa estava errada comigo. Passava três noites seguidas em claro, não entrava mais em discussões, evitava ao máximo e, por vezes, sucumbia a decisões com as quais não concordava, com um único objetivo: evitar conflitos. O sintoma que me denunciou era impossível de esconder, tinha problemas intestinais crônicos, ia ao banheiro durante todas as reuniões. E isso eu não conseguia disfarçar!

Todos a minha volta estavam sofrendo, minha família estava sem saber o que fazer, era algo insano, um período de muito sofrimento e angústia. Eu tive muitas noites de desespero em silêncio, era muito difícil de aceitar, e por vezes tomava atitudes determinadas pelo medo. Tinha certeza de que não teria muito tempo de vida. Eu ficava com medo de comprar viagens programadas porque achava que não estaria vivo ou não teria saúde para desfrutar um passeio alguns meses adiante.

Foi quando que meu sócio e amigo Bruno Betiati me deu um presente que salvou minha vida. Bruno um dia, com o ar sisudo que sempre o acompanha, contrastando com o ser humano gentil que tem atrás daquela aparência de bravo, esticou a mão e exclamou: "Tenho um presente para você".

Assim que o desembrulhei, percebi que era um livro do Augusto Cury, chamado: Armadilhas da mente. E posso falar com todas as letras: esse presente mudou a minha vida!

Na hora que li o título do livro já acionei minha janela traumática da mente e, como forma de defesa, perguntei a ele: "Você acha que eu preciso disso?". Mas aceitei o presente e na mesma noite comecei a ler. Como pode? A personagem principal do livro sofria da mesma coisa que eu. Na conclusão do livro, me senti determinado a mudar. A coisa estava realmente feia! E tive de enfrentar os problemas gerados pelo estresse sozinho, só eu poderia me tirar dessa enrascada que havia me enfiado, e assim o fiz. Com sangue, suor e lágrimas! Procurei uma academia de ginástica e iniciei uma dieta. Em menos de cinco meses, emagreci 15 quilos e comecei a correr, caminhar e levantar pesos. Todos aqueles sintomas que me assombravam, como falta de ar, dores no peito e ansiedade, ficaram para trás. Era hora de recuperar o tempo perdido!

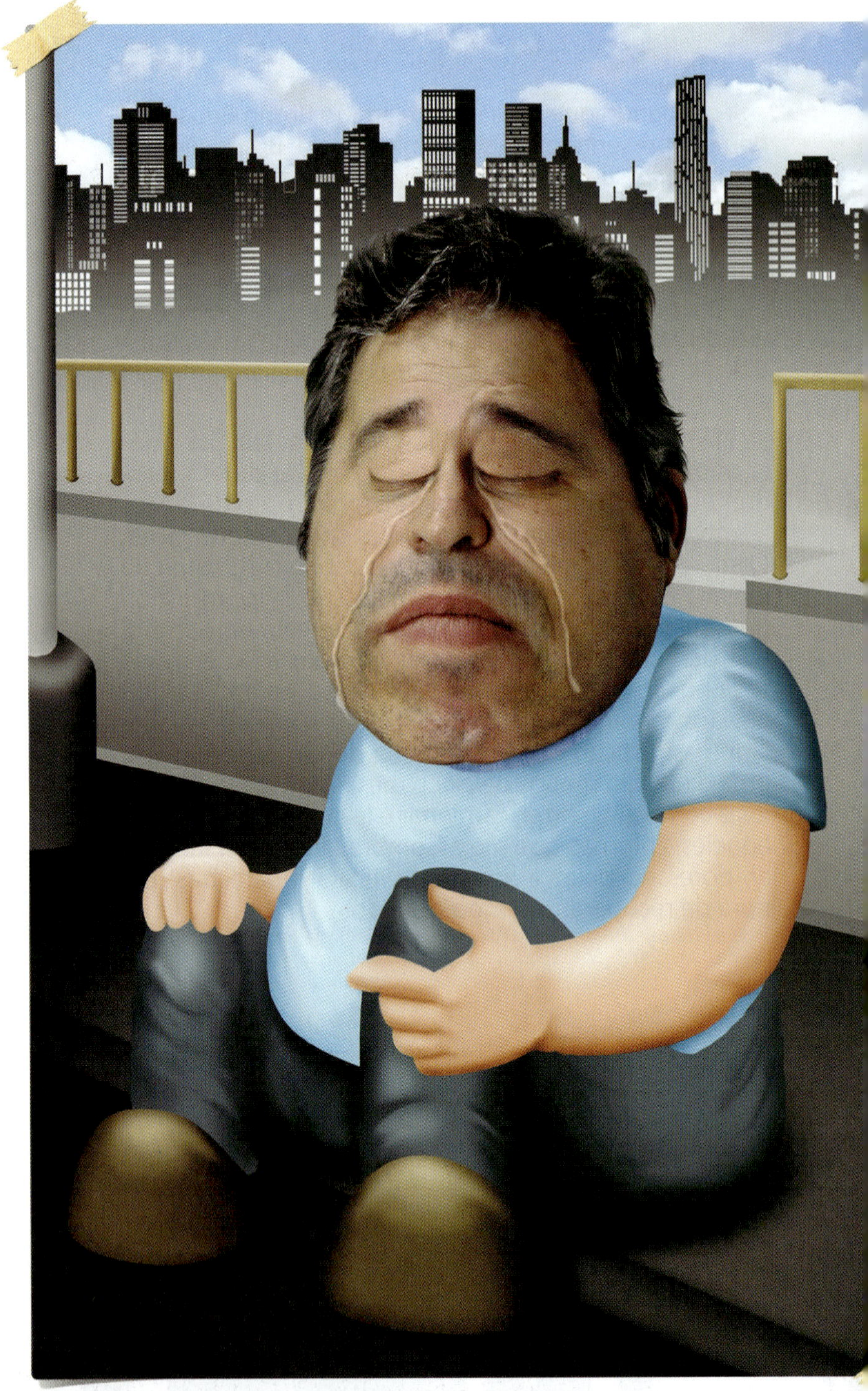

28
A VOLTA POR CIMA

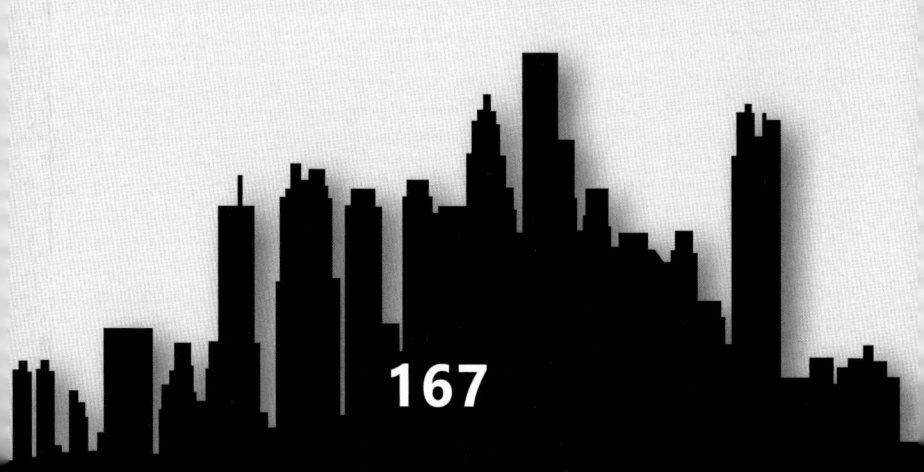

Após algumas turbulências que enfrentamos com o lançamento das novas marcas, o Grupo VA passou a caminhar a passos largos, figurávamos em todas as mídias, em 2015 começamos a participar da Expo Franchising da ABF e nos mudamos para um escritório maior.

Com a necessidade de atender a uma demanda cada vez maior, decidimos que era hora de ampliar nosso suporte e aprimorar todos os nossos departamentos. Fizemos uma divisão na qual reservamos um prédio somente para atender às unidades próprias e a Evolute Franchising, e dois prédios ao lado, onde operamos a primeira unidade, onde tudo começou, há uma unidade focada somente em desenvolver novos cursos para serem devidamente testados e aplicados na rede. O outro local é um imponente escritório na principal avenida da cidade, onde mantemos a Doutor Lubrifica Franchising, Web4 Comunicação e a expansão de franquias.

No passado, inúmeras vezes parávamos em frente

a esse prédio, onde funciona hoje nossa expansão, e fazíamos uma oração para que a empresa que ali funcionava pudesse crescer, prosperasse e precisasse se mudar para um escritório maior. Nós achávamos lindo aquele ponto e sonhamos com ele por muitos anos até que a oportunidade de nos mudarmos para ele aconteceu. Só nos fortaleceu a crença que nos acompanha desde o início, primeiro você sonha, trabalha com todas as suas forças e como em um passe de mágica os sonhos se realizam!

Com a necessidade de ser cada vez mais profissionais e competitivos, fizemos inúmeras reuniões de alinhamento de expectativas e, após essas reuniões, decidimos que iríamos comprar a parte de alguns sócios e incorporar outros. Foi no final de 2015 que anunciamos a todos que Diego, aquele jovem jordanense da Vila Angú, passou a fazer parte do quadro societário do Grupo VA, exclusivamente, por mérito.

Em 2015, começamos três projetos que estão tendo enorme impacto em nossos negócios.

A Evolute passou a ter uma operação padronizada entre unidades próprias e franqueadas. Começamos a colocar em prática o primeiro conselho de franqueados, algo que está agregando muito valor à rede. Com os empreendedores que construíram esse sucesso, discutimos as ideias e os caminhos a serem percorridos para a melhora contínua da rede.

Na Doutor Lubrifica identificamos quais eram as principais dificuldades dos franqueados. Percebemos que todos solicitavam apoio à área comercial, e assim o fizemos. Após a implantação de um departamento comercial na sede da franqueadora, passamos a agendar reuniões locais nas empresas da cidade do franqueado e, principalmente, a apresentar nossos benefícios para as grandes frotas com atuação nacional.

A identificação é sempre imediata, assim que apresentamos nossos serviços, as empresas ficam maravilhadas e se tornam nossas clientes rapidamente. Criamos um negócio que realmente soluciona problemas de empresas e pessoas. Por vezes, essa empresa foi sondada para aquisição, mas, como vemos muito potencial nessa rede, resolvemos não aceitar nenhuma das ofertas. Acreditamos que por meio da Doutor Lubrifica temos a oportunidade de figurar entre as principais microfranquias do Brasil.

E fizemos a remodelagem da Web4br, a empresa foi criada em um molde que não conseguiríamos ganhar escala, além do leque de produtos limitados. Após a chegada do novo gerente, mergulhamos de cabeça nas novas ideias e formatamos uma rede rentável e prática, capaz de satisfazer plenamente o cliente final, aquele que compra qualquer um de nossos produtos, uma rede com foco em marketing digital, mas de baixo risco para o investidor, além de extremamente lucrativa.

29
ATRAINDO TALENTOS

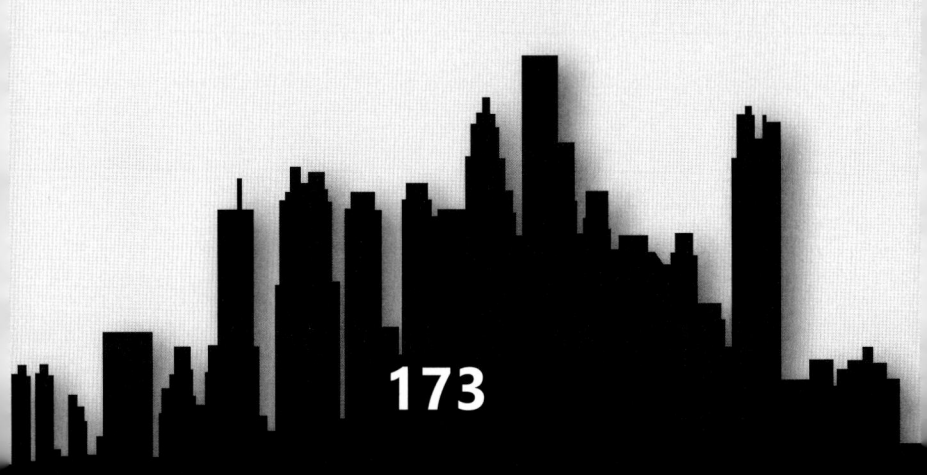

Anos atrás, assim que começamos nosso projeto, conhecemos dois jovens, Vitor e Karine, que por vezes nos prestaram assessoria. Ambos com inteligência e capacidade acima da média, ele contador, com experiências fantásticas no currículo, entre elas a prestação de serviços para o Google; ela, administradora, que acumulava serviços prestados como consultora da Deloit. Esses jovens, sempre muito simpáticos, passaram a frequentar cada vez mais o Grupo VA, e nossa admiração passou a ser mútua.

Pouco tempo depois, apresentamos a ideia de fazer uma empresa de contabilidade que pudesse ser franqueada. Aproveitamos a competência e o know-how que eles tinham no assunto, visto que são donos de um dos principais escritórios da cidade, somamos nossa expertise em formatação e expansão de redes de franquias e iniciamos outro negócio promissor. Não demoramos muito a desenvolver a unidade piloto e partir para a ação. Como sempre, a unidade piloto foi um sucesso. E não temos a menor dúvida de que, em pouco tempo, essa será mais uma excelente opção de negócios no portfólio de nossa *holding*.

30
A CRISE

Em agosto de 2015, o Brasil entrou em uma era de especulações e uma enorme crise de credibilidade política. As coisas pioravam a cada dia, o que começara com um movimento nas redes sociais já estava inserido na sociedade e a cada dia que passava atraía mais adeptos. Não importava se era situação ou oposição, cada pessoa tinha um lado e como em uma batalha atacava quem tivesse posicionamento político contrário.

E os negócios? Os índices da economia passaram a mostrar queda em todos os setores, os jornais mais pareciam filmes de terror, e a cada dia que passava mais gente reclamava, mais comércios fechavam e mais empresas jogavam a toalha. Nossa expansão estava praticamente parada, e, nesse momento, começamos a ficar realmente preocupados. Após algumas reuniões de diretoria para falar sobre o delicado momento que o mercado atravessava, tomamos a decisão de elaborar um plano especial para a crise. Acolhemos os franqueados que tinham sido atingidos e, por diversas vezes, abdicamos das taxas de royalties para que eles pudessem novamente se fortalecer. Nessa hora, pensamos: "O que deveríamos fazer?". E, ignorando totalmente a crise, partimos com força total atrás da expansão e da solidificação de nossas redes. Usamos a crise como incentivo à criatividade e passamos a estimular ainda mais nossos colaboradores, franqueados e até mesmo clientes.

A diminuição no número de leads, interessados em comprar uma franquia, foi impactante. Se antes recebíamos em média 500 contatos por mês, passamos a receber 100 e, naturalmente, isso refletiu nas vendas. Mesmo assim, continuamos focados e acreditando que sairíamos dessa situação mais forte do que entramos. Passamos a trabalhar de forma intensa no marketing digital e fizemos uma reprogramação total de investimentos, canalizando nossas energias em novos canais que nos ajudaram muito nesse processo de batalha contra a crise. De agora em diante, ficamos mais fortes e resistentes, aprendemos que as dificuldades nos fazem crescer intelectualmente, e nada como um período de escassez para desenvolver a criatividade.

Hoje sabemos que as crises vêm e vão, mas você precisa estar preparado. Durante os períodos de abundância, fizemos reservas para a empresa, as quais seriam determinantes para enfrentar um período de crise. Enquanto percebemos que a maioria de nossos concorrentes estava trabalhando quase em *stand by*, aceleramos com vontade e nos credenciamos para chegar ao topo. As crises vêm e vão, e a lição que aprendemos é que, nos momentos de abundância, no qual o mercado está aquecido e todos estão crescendo, não conseguimos fazer boa distinção entre quem é bom e quem só está fazendo um trabalho mais ou menos, um trabalho morno e sem identidade. Enfim, uma empresa que supera uma crise está realmente pronta para subir de patamar. E nós estamos, aprendemos a prosperar na adversidade. Bastou aprimorar nossos processos, usar a criatividade, engajar os colaboradores e parceiros e fazer um trabalho focado em fortalecer nossos franqueados.

31
SINÔNIMO DE SUCESSO: COMPARTILHANDO O CAMINHO!

Com o passar dos anos, pouco a pouco fui me afastando do operacional e passando a trabalhar como conselheiro. Participo de todas as reuniões estratégicas, mas não sou mais o responsável por colocar em prática as ações decididas em reuniões semanais. Na gerência de vendas que eu ocupava no passado, fui substituído com mérito por meus amigos e parceiros Francisco e Alessandro Consolini. Minha participação nas vendas de franquias já não se faz necessária, hoje nos damos o direito de selecionar os franqueados que possuem o perfil de nossa empresa, e essa seleção nossos consultores realizam com maestria.

A partir disso, lembrei-me de uma antiga promessa que fiz no início de nossa caminhada, conforme descrevi em capítulos anteriores.

Eu prometi que, se conseguíssemos alcançar as 100 unidades que almejávamos, iria me dedicar a desenvolver um GPS do sucesso, uma espécie de manual prático em que qualquer pessoa que quisesse teria acesso ao passo a passo de tudo o que nos levou a conquistar prosperidade financeira e sucesso.

Vamos fazer uma breve recapitulação: dois jovens de baixa escolaridade, com experiências profissionais de pouca expressão, vindo de famílias que não poderiam ajudá-los financeiramente, morando no interior, que não se casaram com mulheres ricas, que não possuíam superpoderes, que passaram por muitas humilhações e provações, incluindo restrições de saneamento básico, que só tinham água e margarina na geladeira. Será que, se olhássemos esse cenário, alguém apostaria suas fichas que esses dois dariam certo? A resposta mais provável é não! Mas, assim como nós, temos pelo menos uma dúzia de pessoas que seguiu nossos passos de forma paralela e obteve prosperidade e sucesso.

Em dezembro de 2015, sentindo-me entediado por não ter uma função que me causasse emoção, pois somente fazia reuniões estratégicas, comecei a procurar uma nova função.

Observei um dos nossos mais antigos colaboradores e aspirante a empreendedor Sérgio Allanque, que todos os dias ficava esperando alguma oportunidade de me perguntar coisas pertinentes aos desafios que é preciso superar para ter sucesso empreendendo e que, a cada orientação que eu passava, aplicava ao seu negócio de camisetas e depois vinha radiante comentar o resultado.

Cheguei à conclusão de que era hora de pagar a minha promessa! Reuni meus sócios, e conversamos por horas. Decidimos que seria minha responsabilidade colocar em prática a execução deste maravilhoso projeto. Assim como em todos os outros negócios, sentamos a uma sala e discutimos todos os pontos a serem realizados durante a semana.

Sinônimo de Sucesso hoje é uma comunidade com dezenas de milhares de participantes que recebem, semanalmente, conteúdos diversos sobre empreendedorismo prático. Não medimos esforços para ajudar outros empreendedores a se encontrarem e alcançarem suas metas. Por meio da nossa página no Facebook, realizamos palestras ao vivo uma vez por semana, via *Live*. Diversas vezes eu encontro franqueados, concorrentes, empreendedores de outros setores, estudantes, a galera do marketing multinível e diversos outros perfis. Não deixamos nada sem ser mencionado, nem mesmo a presença de concorrentes nos incomoda, pelo contrário, acreditamos em um universo próspero, capaz de promover abundância para todos, até mesmo para dois jovens fora dos "padrões" do sucesso.

A cada palavra que escrevo neste livro fico plenamente satisfeito e, mesmo com os dedos doendo, não tenho a mínima vontade de parar!

Eu sei que esta história de superação e vitórias será capaz de causar um impacto gigantesco em sua vida. Basta aplicar a fórmula do GPS do sucesso em sua vida. As circunstâncias podem ser parecidas, mas o destino tem de ser configurado manualmente por você. Não deixe de atentar a esse detalhe tão importante.

Só conseguimos conquistar o que sonhamos se formos capazes de transformar nossos sonhos em metas. E, diferentemente dos sonhos, as metas são específicas, com datas, processos e destinos bem definidos.

Descobri que compartilhar o caminho e auxiliar outras pessoas é extremamente gratificante e segue uma grande lei universal, a lei do retorno! Essa é uma excelente maneira de continuarmos a conquistar todos os nossos objetivos.

32
E QUAL É O GPS DO SUCESSO?

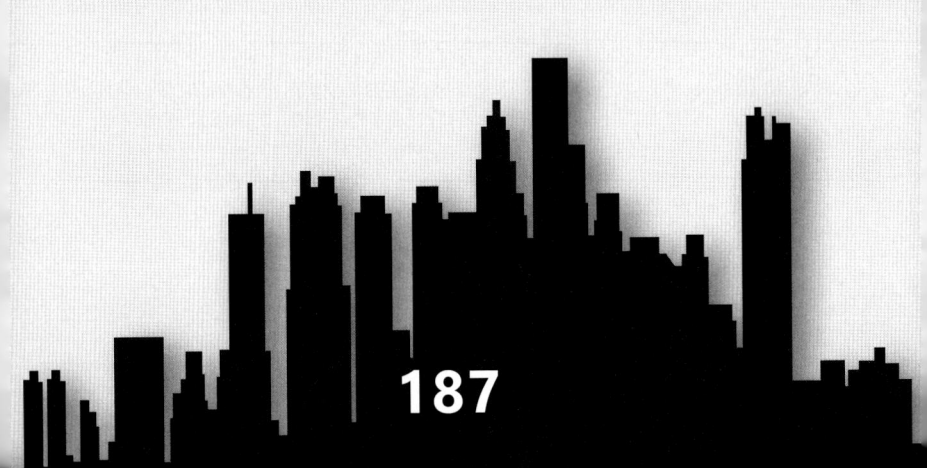

O único caminho que eu conheço é longo. As coisas não acontecem do dia para a noite e há diversos obstáculos, de modo que, seguindo a teoria de Darwin, as pessoas vão desistindo pelo caminho. Sucumbem ao processo de seleção natural dos empreendedores. Percebo que a cada dia que passa mais pessoas buscam fórmulas mágicas que sejam capazes de transformar sua vida em poucos dias. Se o caminho que você escolheu foi esse, por favor, repense! Repare que, desde o primeiro dia, nossa história foi baseada em foco, resiliência, *networking*, perseverança, gratidão, superação, amizade, amor ao projeto, estudos, compartilhamento, ajustes de custos, alinhamentos de expectativas, boas contratações, valorização dos colaboradores, parceria com os franqueados, honestidade, compromisso com os credores, ética e respeito.

Incorporando esses valores ao seu dia a dia e buscando referências no mundo corporativo, de preferência aqueles que você julgue não ser impossível de alcançar, será fácil traçar o seu próprio caminho e dentro de alguns anos estará escrevendo a sua versão da trajetória empreendedora. Uma das frases que mais me marcaram ao longo dessa caminhada foi proferida por nosso amigo nortista Gilberto Sucesso: "O segredo é que não tem segredo"!

Comemore suas vitórias e valorize cada acerto, mas nunca, jamais se esqueça de que são nos erros as nossas maiores oportunidades de aprendizado. Saímos de cada erro fortalecidos e prontos para dar o próximo passo de maneira mais assertiva.

Afaste-se de pessoas que o rotulem ou que roubem sua energia, pois você vai precisar dela. E, se por acaso você amar essas pessoas, desenvolva uma espécie de blindagem para conseguir filtrar o que realmente interessa. Converse com as pessoas certas, sobre os assuntos certos. Pedir opinião sobre vestibular a uma pessoa que nunca prestou nenhum é como ser guiado por alguém que não está vendo o caminho. Solicite sempre o auxílio de quem possui experiência, pessoas com autoridade para opinar podem encurtar, significativamente, o seu percurso.

Acredite na acessibilidade das pessoas, como ouvi da boca de uma jovem talentosa chamada Bel Pesce: "Busque incansavelmente falar com as pessoas que deseja, tente por e-mail, redes sociais, amigos em comum e persista, uma hora você vai conseguir". E, por fim, gostaria de sugerir que você repita esta leitura algumas vezes, porque a repetição vai incorporar essas características em sua personalidade e naturalmente melhorará seu desempenho e sua resiliência. Solicito, ainda, que entre na página www.sinonimodesucesso.com.br e assista a quantos vídeos puder. E, por último: acredite em você!

Faça isso, acredite em si mesmo, experimente como é bom sentir autoconfiança e lembre-se: alguém sempre vai admirá-lo exatamente como você é. Não será preciso ocultar sua personalidade para fazer sucesso, aliás sucesso só se sustenta em cima de autenticidade.

Você precisa se olhar no espelho e buscar sua melhor identidade. Liste suas qualidades e seus pontos fortes e foque 100% neles. Se necessário, associe-se a outras pessoas que completem suas qualidades e busque com muita perseverança o seu lugar ao Sol!

Um grande abraço do amigo
Vinicius Almeida Carneiro
Abril de 2016.

Impressão e acabamento
Rotermund
Fone (51) 3589 5111
comercial@rotermund.com.br